WANGRUI

献天下妈妈
健康幸福到老

最是人间烟火气

幸福婚姻的样子

王瑞 —— 著

中国纺织出版社有限公司

图书在版编目（CIP）数据

最是人间烟火气：幸福婚姻的样子 / 王瑞著. --北京：中国纺织出版社有限公司，2023.1
ISBN 978-7-5180-9842-2

Ⅰ.①最… Ⅱ.①王… Ⅲ.①婚姻-通俗读物 Ⅳ.①C913.13-49

中国版本图书馆CIP数据核字（2022）第165668号

策划编辑：向连英　　责任编辑：顾文卓　　特约编辑：五呦呦
责任校对：高　涵　　责任印制：储志伟

中国纺织出版社有限公司出版发行
地址：北京市朝阳区百子湾东里A407号楼　邮政编码：100124
销售电话：010—67004422　　传真：010—87155801
http://www.c-textilep.com
中国纺织出版社天猫旗舰店
官方微博http://weibo.com/2119887771
鸿博睿特（天津）印刷科技有限公司印刷　各地新华书店经销
2023年1月第1版第1次印刷
开本：710×1000　1/16　印张：11　插页：1
字数：92千字　定价：49.80元

凡购本书，如有缺页、倒页、脱页，由本社图书营销中心调换

前言

柏拉图问苏格拉底：什么是爱情？

苏格拉底让他去麦田摘一颗最大、最金黄的麦穗，只能摘一次，并且只能向前走，不能回头。

最终，柏拉图两手空空回来了。

老师问他原因。

他说："因为只能摘一次，又不能走回头路，即使见到最大、最金黄的，但不知前面是否有更好的，所以没有摘；再往前走时，又发现没有之前见到的好，原来最大、最金黄的麦穗早已错过了。于是我什么也没摘。"

苏格拉底说："这就是爱情。"

柏拉图问苏格拉底：什么是婚姻？

苏格拉底让他去树林砍一棵最大、最茂盛、最适合放在家里的树。同样只能砍一次，只能向前走，不能回头。

这一次，他带了一棵普普通通、不是很茂盛的树回来。

苏格拉底问"为什么只带这棵普普通通的树回来？"

柏拉图说："有了上一次的经验，当我走了很久还两手空空时，看到这棵树也不太差，就砍下来，免得错过了，最后什么也没了。"

苏格拉底说："这就是婚姻！"

人生正如穿越麦田和树林，只能走一次，不能回头。

世间男女，历经红尘，都只想要找到自己的麦穗和大树。

有的人很顺利就找到了，有的人终其一生也没找到合适的，有的人找到之后觉得不合适而放弃，有的人放弃之后再度寻找。

但无论如何，这个寻找的过程就是人生。

爱情和婚姻，是人类永恒的主题。

莎士比亚说过：一千个人眼中，就有一千个哈姆雷特。同样，一千个人就有一千种对爱情和婚姻的理解，对幸福的设想和渴望。

列夫·托尔斯泰说过：幸福的人都是相似的，不幸的人各有各的不幸。所以，幸福总会有一些相通的地方。这里为大家写下白头到老的40字箴言，那就是：

接受、信任、关心、忍受、欣赏、自由、付出、独立、成熟、自然、观察、保护、宽容、分享、温柔、理解、诚实、等待、想念、热情。

希望每个人都能拥有完美的爱情和婚姻。

我多年与女性相处，力求去探讨爱情和婚姻的种种，让更多女人在婚前懂得选择，婚后懂得经营。

事实上，所有麦穗都是相似的，但又是独一无二的，永远没有"最大、最饱满、最独特、最完美"的麦穗。

如果这本书能引发你的一些思考，一个会心的微笑，能对你有一点触动和帮助，那么就已经足够了。

王瑞

目 录

第一章　因为爱情

婚姻原本是只空盒子　　　　　　　2

良好婚姻的五大标准　　　　　　　4

婚前学会选择　　　　　　　　　　6

普通婚姻的日常　　　　　　　　　15

第二章　婚姻不是爱情的坟墓

三观一致的婚姻很重要　　　　　　24

爱情在左，亲情在右　　　　　　　29

除了相爱，什么都不是事儿　　　　33

婚姻不是坟墓　　　　　　　　　　35

婚姻性格测试　　　　　　　　　　40

第三章　婚姻保鲜计

婚姻里的 DNA　　　　　　　　　　46

破除婚姻中的"假想敌"　　　　　49

不要把分手放嘴边　　　　　　　54

警惕婚姻里的踢猫效应　　　　　57

善意的谎言　　　　　　　　　　59

DIY 自己的婚姻　　　　　　　　61

常爱常新，保鲜婚姻　　　　　　65

婚姻关系的四个重要方面　　　　68

婚姻情商测试　　　　　　　　　72

第四章　应对婚姻中的挑战

初恋啊初恋　　　　　　　　　　80

花心，不分男女　　　　　　　　83

拒绝冷战　　　　　　　　　　　86

爱人之外：红颜知己与蓝颜知己　89

婚姻压力测试　　　　　　　　　95

第五章　有限责任公司

确立婚姻责任制　　　　　　　　102

定期核算你的婚姻损益　　　　　104

客观评价婚姻关系　　　　　　　107

第六章　好好经营你的婚姻

爱情是两个人的事，婚姻是两家人的事　　112

婚姻的筹码　　116

别给新生家庭打上原生家庭的印记　　123

倾听家庭的声音　　125

你是婚姻里最独特的那个人吗　　129

"镇宅"的女人　　132

孕期可能出现的婚姻矛盾　　134

孩子是爱情的结晶　　137

聪明的妈妈"睁只眼闭只眼"　　139

共同制订家庭专属理财计划　　142

陪同双方父母一起订立理财目标　　147

建造家庭财务的诺亚方舟　　150

婚姻里，真心能否换来真情　　153

第七章　不爱就放手

放爱一条生路　　160

没有人可以代替你渡离婚的劫　　163

后　记　　167

第一章 因为爱情

很多人对婚姻的认识就是找个合适的人共度一生。可问题是，每个人"合适"的标准不一样，嘴上说的和心里想的或者行动上的标准也不一样。现代的婚姻，一方面受到经济建设浪潮的巨大冲击，另一方面受到五千年传统文化和婚姻制度的影响，呈现出许多问题。那么如何让爱情走得更远，如何构建良好的婚姻关系，我将一一道来。

婚姻原本是只空盒子

有人说:"婚姻原本是只空盒子。"这个空盒子可能承载甜蜜与幸福,也可能装满了苦难与心酸。更多时候,则可能酸甜苦辣咸,五味杂陈,个中滋味只有经历者方能体味。而能从盒子里取出什么,取决于你往盒子里放了什么。

婚姻是两个人的事情,家是两个人的家,结婚就意味着,你和你的另一半要承担这个盒子里所有的东西。天底下没有两片相同的树叶,每个家庭的盒子也都不一样。

每个人结婚的时候,都会对婚姻这只盒子充满美好的期盼,期盼可以从中得到富贵、慰藉、宁静、幸福,然而当打开盒子之后,就会有人欢喜有人悲。什么样的内容都有可能,由不得你挑剔。

然而无论是财富还是美貌,无论是富贵还是贫穷,都不可能享用一生。

如果你不幸捡到了那个只装有悲哀和痛苦的糟糕盒子,也请你坦然接受,如果你认真翻遍盒子的每一个角落依然找不到光明和快乐,那么你不妨在牢记它的模样之后就彻底扔掉,然后再次寻觅,寻觅一只和它完全不同的盒子。当然,如果你是那个幸运的孩子,捡到了那只盛满幸福的盒子,你也要坦然平静,倍加珍惜,不要挥霍;否则,等到所有的幸福消耗殆尽,盒子空空如也,你就再也找不到第二个同样的盒子了。

总之,无论盒子里是快乐,还是艰辛,都请坦然面对,安然享受!

良好婚姻的五大标准

每个人都在寻找幸福婚姻的真谛。

其实标准很简单,那就是幸福五要素——生理、安全、社交、尊重、自我发展。

(1)生理的需要。包括温饱和性在内的要求。前者关系到个体的生存,后者则影响人类的延续,所以这是人类基本的生存需要。

(2)安全的需要。安全感来自人类自我保护的本能,此外,还延伸到支撑个体发展的一系列关系,包括家庭、朋友、同事等。婚姻中的纷争和冷淡,会严重影响个人的安全感。

(3)社交的需要。亲密关系中一样需要社交,不但沟通感情,也包括互相支持、彼此包容。婚姻中的交流是在其他关系中无法满足的,如果连爱人都无法沟通,那么感情就无从宣泄。

(4)尊重的需要。无论在何种领域,人都需要获得尊重,让自己有"被需要、被重视"的感觉，而婚姻里的争吵冷淡，会在夫妻之间筑起一道高墙，防御心理会让爱情枯萎。

（5）自我发展的需要。很多美满的婚姻，都给人以激情和创意，幸福婚姻中的人，往往觉得自己是一辆加满油的法拉利，因为找到了自我潜能发挥的舞台。

婚前学会选择

当选择一个终身伴侣时，绝对没有人想做错误的选择，然而现实是离婚率居高不下，说明很多人在选择伴侣时犯了严重的错误。如果你真心要寻找一个终身伴侣，那么请再也不要盲目投身爱情，恋爱时一定要了解和做到下面两点，然后再确定是否要将爱情进行到底。

1.不是所有人都适合结婚

民国才女张爱玲爱上有家室的胡兰成，在对方甜言蜜语的攻势下坠入爱河。但婚后不久，胡兰成就开始频繁外遇，张爱玲对胡兰成爱到骨髓，也爱得卑微，一再容忍丈夫频频出轨。最后张爱玲心灰意冷，下定决心离婚，从此看破红尘，孤独终老。

张爱玲的悲剧在于爱上了不该爱的人。选择不同，最后的结局也大相径庭。

女人在婚前一定要睁大眼睛，选对男人。并不是所有的男人都适合结婚，在爱上之前，我们有必要认真思考一下，究竟哪些男人不适合结婚。

第一种不适合结婚的男人：花心的男人。花心的男人看起来浪漫，不少都能写一首首优美的情诗，能唱一曲曲深情的情歌。他们对哪个女人都好，天生爱当情圣。就像《倚天屠龙记》里的张无忌，经常蹙着眉头，满眼含情，好一个多情的男子。然而，每一个爱上他的女人都孤苦伶仃，不得"善果"。成疯成魔的周芷若；做了"圣女"的小昭；若不是赵敏霸道与强势，恐也难笑到最后。然而，赵敏毕竟是赵敏，聪明绝顶、机关算尽的她，几人能比？

所以，千万别以为他对你细致入微、关怀备至，就是对你情有独钟、爱不释手，也许只是他习惯如此，也许他天生就是一个"中央空调"。多情男人对哪个女人都一往情深，爱上他，你最终只能"此恨绵绵无绝期"了。就算这个多情男人不是滥爱之人，可因为他多情，因为他周到，因为他客气，当下在情感生活中多是"贫苦"出身的女人们，碰上这个言语温柔、举手投足谦和礼貌的男人，哪会轻易放过？而他又不是铁打的意志，被女人攻陷的概率也因女人缘太好而大于其他男人。因此，你若没有宽阔的胸怀，最好别和这样的男人结婚，你爱不起。

第二种不适合结婚的男人：已有恋人、已有婚约或者已经结婚的男人。时代越来越进步,人们的观点越来越前卫,许多女人打着爱情的幌子,在围墙外翘首企盼,誓死坚守自己所谓的爱情。然而已婚男人真的能够为你离婚而和你结婚吗?不说这样的男人原本就没有权利在围墙之外自由溜达,即使真的感情不和要分开,也是人家自己的事情,等他恢复单身的时候,你自然拥有追求的权利,但在此之前,还是不要轻易撩拨为好。如果男人因为你而家庭不和,为了你抛弃发妻,那么他的人品真的值得信赖吗?说不定哪一天也会轻易抛弃你另寻新欢,这样的男人,别说不适合结婚,连恋爱都坚决不适合。

就像电视剧《回家的诱惑》中的洪世贤和艾莉,洪世贤禁不起诱惑出轨艾莉,但两人最后都没有得到好的结局,这种禁忌之恋从一开始就背负了不道德的骂名,是无法得到祝福的。

第三种不适合结婚的男人:长不大的"妈宝男"。再坚强的男人也会有"小孩儿"的时候,因为女人的怀抱都有母亲的味道。然而,一直"小孩儿"、一直长不大的"妈宝男"却未免目的太过明显:分明不是为了找老婆,完全是在找"妈妈"嘛!他们经常动不动就搂着你哭,时常闹脾气要你哄,占有欲强,就像你是他的专属玩具……这算什么?如果女人不想结婚就做"奶妈",不想一生劳心费力,就快点打发"小朋友"离开吧!虽然长不大的男人看起来很阳光,却是未经历风雨的"少年儿童",除了一日三餐外,天塌下来也不过问,遇事往老婆身上推，啥事都让老婆来扛，让女人操心一辈子。女人虽然要自强自立，但再强悍的女人也不能嫁个长不大的男人吧。

就像一位女性朋友曾经抱怨：家里厨房发现了一只蟑螂，老公惊慌失措，大叫她的名字。家里的灯泡坏了，水管漏了，也是让她去找人来修理，他自己却心安理得窝在沙发上看电视。她有事请老公拿主意，老公会下意识地去问他妈。试想，你天天守着这样一个事事没主见，遇事就退缩的小男人，你的婚姻还有什么幸福可言？碰见这样的男人，你除了哄他玩，还能指望他什么呢？

第四种不适合结婚的男人：自私小气，心胸狭隘的男人。有的男人虽然没有什么钱，却愿意为女人倾其所有；而一些多金男，有钱却不舍得为女人花。有的男人，做事脚踏实地有担当，为妻儿遮风挡雨；有的却自私自利，心胸狭隘，喜欢斤斤计较，出去约会请了一顿饭都要记到小本本上，一旦两人谈恋爱无果，就开始向女友"追债"，将某年某月某日为女友花了多少钱都掰扯得明明白白。

虽说现今女人找男人并不是为了穿衣吃饭，但如果一顿饭钱都要斤斤计较，那恋爱的意义何在？婚姻的意义何在？一个男人如果不能让女人依靠与眷恋，那这个男人究竟凭什么值得女人去爱恋，去依托？

网上报道一对结婚三十余年的夫妻，一直各吃各的，两人不仅分别下厨，连锅碗瓢盆都分得清清楚楚，冰箱里的鸡蛋都要做记号……网友评论说就算合租的室友也不至于小气成这样啊！碰到这样的男人还不如单身过得自在。也有网友说：要老公干什么？饭我会做，衣服我会洗，钱我会挣，地我会拖，街我会逛，车我会开，出去我也会玩。有了老公还要给他洗衣、做饭、收拾家务，还要照顾他家人！

这虽然是个段子，但是也反映出一些现实问题。当婚姻中的两个人不是一个紧密的联合体，而是各有各的小算盘，那还是趁早分开，及时止损吧。

也许在爱情开始的时候，我们还看不清对方的真面目，辨不清他到底是不是不该爱的男人，没关系，日子久了，狐狸尾巴总会露出来的。别说这些男人虽然不适合结婚，却也有惹人眷恋的地方，别说你虽然看清了他的真实面目，却舍不得离开他，柔肠寸断难以割舍。放弃是痛苦的，情到深处难自拔，男怕选错行，女怕嫁错郎，就算是他已经成了你难以割舍的心头肉，你也得残忍地将自己心头这份不该爱的爱情割舍。

不是所有的男人都适合结婚，同样，也不是所有的女人都适合结婚。婚姻关系是世间最难修的一门课，在走进婚姻之前，不管男人还是女人，一定要睁大眼睛，看清对方，看清彼此之间的爱情。

2. 婚前睁大眼睛

问题一：你们有共同的生活目标吗？

扩展问题：如果你们已经结婚二三十年，那么在那段很长的时间里，你们将如何度过？

基础答案：你必须和伴侣分享更有意义的事情，你们必须有共同的生活目标。

在爱情里有两种情形：一种是你们一起成长，共同发展；另一种是彼此各自成长，互不干涉。就算是各自成长，但是你们必须有共同的生活目标，即便算不上完全相同，也要有一个共同的生活底线，才能使爱情拥有稳固而长久的基础。如果两个人连生活在哪里、在哪里安家、要不要孩子、到底为什么而奋斗这样基础的生活目标都不同，那么必定很难和谐相处。

电视剧《三十而已》里面有一对夫妻，老公陈屿酷爱养鱼，老婆流产都没有表示过多关心，而鱼死了却怒气冲冲，要给鱼安葬。夫妻两人兴趣爱好相差巨大，缺乏共同的目标支撑，以至于分道扬镳。当然最后两人又重归于好，但这也是基于两人积极沟通，并且一方积极改变适应对方后的结果。

问题二：和伴侣分享感觉与思想时，觉得安全吗？

扩展问题：你们一起看电影电视，一起讨论社会热点问题，彼此的观点会有明显的冲突吗？你能够完全说出内心的真实想法，而不会担心他反对或者怀疑吗？你们会产生"信任危机"吗？

基础答案：彼此的信任和尊重是安全相处的基础，而信任基于观点的一致或者思想上的相互理解。

很多时候，男女之间对事物的看法会有很大差异，没有两个人的思想能完全同步。伴侣之间更重要的是互相了解、磨合和包容。彼此坦诚心扉交流困惑，寻找共同点和妥协点，对于两人关系的长久具有重要的意义。

如果每一个老公都能遵守"老婆都是对的"这样的信念，我相信他们的感情一定会非常融洽。因为这样的老公一定是爱老婆，尊重老婆的。那么老婆一定会很有安全感，绝不会胡搅蛮缠。

至于恋人之间是否分享所有的隐私和观点，保留到何种程度，是需要商量好的。婚前彼此了解得越透彻，婚后出问题的概率就会越低。但我建议伴侣之间在不违背大的原则问题下，彼此保留一些隐私，对伴侣保留一些新鲜感，是可以促进婚姻保鲜的。

问题三：你选择的恋人在你眼里是个怎样的人？你是否喜欢这样的人？

扩展问题：他对现实和未来是否有清晰的认知？是否愿意不断学习成长？

基础答案：外貌、财富只是外在条件，真正长久的婚姻，体现在两个人心灵的紧密度。这个世上有两种人：一种是致力于个人成长，对未来若干年都有清晰认识和规划的人；另一种则是走一步算一步，随遇而安的人。其实两者并不存在对错，每个人都有权利选择自己的活法。只是伴侣之间对活法的认知应该尽量趋于一致。否则一方不断成长，另一方原地踏步，两者的差距就会越来越大，最后可能相互看不顺眼，只能分道扬镳。

所以，是否选择这个人，既要看他本身吸引你的地方，更要评估两人是否合拍。只有两个人都认可同样的生活方式，才可能和谐相处。

问题四：他如何对待其他人？

扩展问题：看看这个人与亲人之间的关系如何？是否懂得感恩？是否喜欢八卦或者说别人的坏话？特别是对那些毫无关系的人（如服务员、公车司机等）是怎样的态度？

基础答案：一般情况下，对自己家人不好的人，可能不懂得感恩；对待你的家人的态度，反映出夫妻之间的地位和在对方心中的地位。对待毫无关系的人的态度，则可以反映这个人的人品和基本修养。

一个朋友曾讲过她前男友的故事：她的前男友是一个看起来很有教养、很温和的人。有一次两人在西餐馆约会，服务员不小心把汤洒到了他身上。没想到男友突然发飙，破口大骂，服务员连连道歉，他却不依不饶,非要餐厅免单赔偿衣服。那一刻,这个朋友觉得非常丢脸,也觉得温柔的男友突然变得面目全非。知人知面不知心的古训确实很有道理。后来两人就分手了。

每个人都无法摆脱原生家庭的烙印。婚姻意味着两个家庭的融合。所以对待自己家人以及对方家人的态度,是很好的关系试金石。婚前多接触,能认识清楚,就能对自己的婚姻有理性的评估。

普通婚姻的日常

婚姻是社会发展到一定阶段的产物，会受整个社会经济、文化环境的影响。下面列举一些常见的问题，希望大家能有所感悟。

1. 重视结婚的仪式感，忽视婚后的经营

中国古代婚姻制度非常复杂繁琐。讲究"父母之命，媒妁之言"，成亲前有说媒，提亲定亲，三书六礼等诸般步骤，成亲当天更是各种讲究，包括成亲后媳妇怎么孝敬公婆，何时回门都有比较严格的规定。

现在大多数年轻人都会选择在酒店举行西式婚礼，步骤已经简化了很多，但大多数人还是比较重视婚礼的仪式感。只是很多人的婚礼仪式都是为了完成任务，甚至互相攀比。还有部分人会认为结婚后就万事大吉了，却不明白结婚只是婚姻的开始，后面婚姻生活是否美满和谐更需要双方好好经营。

有一句笑话说：女人这辈子就是"一天的公主（婚礼当天），10个月的皇后（怀孕），1个月的太后（坐月子），一辈子的操劳（后半生）"。看似笑话的背后，却隐含深意。要想后半生过得好，真的需要婚后的经营和维系。希望这句话仅仅只是一句玩笑吧。

2.亲子关系大于夫妻关系

中国古代重视血脉的传承，所谓"不孝有三，无后为大"，延续到现代社会，喜欢孩子、愿意生孩子的夫妻仍是绝大多数。但很多新手父母并未预料到孩子对家庭的巨大影响，新生儿的到来让大人疲于应付。在这样的情况下，孩子很容易成为一个家庭的中心。夫妻双方和老人全家围着孩子忙碌，新手妈妈更是劳心劳力，身心俱疲，很容易忽略夫妻关系的亲密性，更多时候也会有心无力。但是这种失衡是很可怕的。

曾经无话不谈的夫妻，渐渐地谈话内容只剩下孩子；曾经亲密的战友，渐渐地分床甚至分房而居，从身体的远离慢慢变成心的远离，婚姻很容易亮起红灯；曾经和谐的家庭氛围，因为永远也做不完的家务和带娃问题而变得日趋紧张，争吵成为生活日常……夫妻双方会发现有了孩子之后，孩子却成了争吵的源头，加上家庭和事业的兼顾问题，更容易让夫妻双方特别是女性产生巨大的焦虑。

将孩子放在生活第一位的父母，有的为了孩子奉献自己全部的精力，让孩子活在童话中不识人间疾苦；有的父母会把自己未曾实现的理想全部寄希望于孩子身上，如果孩子达不到自己的要求就会很失望；有的为了孩子压抑自己，勉强维持婚姻，让孩子对父母破裂的婚姻产生愧疚感，严重者会影响孩子未来的婚姻观；有的则把孩子当成全部的寄托，孩子长大了仍舍不得放手，对孩子的生活造成很大的压力和影响。

其实，夫妻关系应该始终排在家庭第一位。只有夫妻关系和谐了，家庭氛围才能轻松愉快，孩子在这样的家庭氛围中长大也才会变得开朗自信。夫妻有了自己的事业和人生规划，才会为孩子树立榜样，整个家庭才会蒸蒸日上。

3.女人婚后放弃自我成长，以家庭和孩子为中心

古代男尊女卑的思想，不仅出现了"三从四德"这样束缚女人的道德标准，还有"男怕入错行，女怕嫁错郎"的俗语，点明了女人在婚姻中的弱势。

现代社会提倡男女平等，女人能顶半边天，但整个社会思想的转变还是需要时间的，仍有部分女性将婚姻看成人生的全部意义，将找一个好老公作为自身奋斗的目标。仿佛找到一个好老公，自己的下半生就会无忧无虑。

诚然，有的女人做到了。但很多女人也忽略了一个问题：夫妻双

方是一个平衡体,需要共同成长才能维持平衡。夫妻两人在人生路上就像爬楼梯,如果女人原地踏步,而男人的事业和思想发展都快于女人,很快男人到了10楼,女人仍在2楼徘徊,如果男人碰到了10楼的女人,就容易被对方所吸引。夫妻两人的差距越大,婚姻的不稳定性就越强。

所以对女人来说,需要明白家庭、孩子、老公都只是自己人生的一部分。不论何时,都不能放弃对自我的提升。当你把自己打扮得美美的,把工作和生活安排得明明白白,你自然会吸引周围人的目光。你若盛开,蝴蝶自来!

4.父母对子女过分干涉

中国古代是宗族制度,讲究多子多福,拥有共同祖先和同一姓氏的宗族成员,共同组成一个"大家庭",人口众多。随着时代变迁,"大家庭"慢慢成为"小家庭",但仍有很多家庭维持一大家子一起住的传统。特别是有了孩子之后,很多夫妻无法兼顾事业与家庭,需要老人帮忙带小孩。尽管可以很大程度上减轻年轻夫妻的负担,但也会引发矛盾。

老人与年轻人的生活方式不同,思想理念不同,生活圈子不同,很容易互相看不惯。婆媳关系更是被称为世纪难题。另外,老人的旧观念难以改变,喜欢参与年轻人的生活,大到工作和育儿,小到吃饭洗衣，都难免"插一脚"。

有学者提出"一碗汤的距离"这个概念，提倡老人和孩子保持距离，但不要离太远，这样老人能够帮助照看孙辈，也有自己独立的空间，子女也能常常看望父母，万一父母生病有急事也能及时赶到，双方既各自安好，又亲如一家，实在是再美妙不过。

5.缺少维持婚姻的三角形要素

三角形是一个稳定的几何结构。在婚姻中，构成三角形的三要素是爱情、性与责任。不同于恋爱时爱情至上、"有情饮水饱"，好的婚姻需要男女双方有爱、有性、有责任感。

但在现实生活中，很多婚姻缺少了一环甚至二环，当三者都缺乏的时候，婚姻自然也就走到了尽头。爱情是婚姻的基础，但不是绝对。旧时代的包办婚姻，很多男女直到洞房花烛夜，方能彼此见面，尘埃落定，很多人也是先结婚后恋爱。不可否认，包办婚姻也有很多夫妻能够相伴到老，举案齐眉。不论婚前就有爱，还是婚后培养爱，至少都要有爱，两个人才能走得更远。

男人因性生爱，女人因爱而性，性对夫妻关系的维系和调和作用不可忽视。所谓"床头打架床尾和"，夫妻间的亲密，是其他任何事情无法代替的。

至于责任，则是婚姻赋予夫妻双方应尽的义务。对彼此忠诚，对家庭、孩子的守护，是婚姻的意义所在。当彼此决定走到一起，就要共同承担。可惜很多夫妻不能平衡"同患难"和"共富贵"两者的关系，造成"大难临头各自飞"或者"有钱就变心"的境况。

6.过度攀比，缺少主见

曾经有一个女生说"宁可在宝马车里哭，也不在自行车后笑"，引起了广泛讨论。对爱情与经济能力的侧重，成了两方阵营的侧重点。一些人认为爱情高于一切，另一些人则认为经济基础决定一切。

其实，两方的观点都各有侧重，没有绝对。但是如果过分攀比，看不见自己家的好，只看到隔壁家比自己家有钱，看到隔壁家小孩比自家的聪明，看到隔壁老王比自己老公能干，人云亦云，没有自己的底线和判断，那么这个婚姻大概率是好不了的。

7.男强女弱或者女强男弱

旧时代，女人社会地位低下，很大原因是大部分女人不工作，在家相夫教子做家务，经济依附于男人，形成了男权至上的社会现实。而在现代，还是有部分女性在经济上依附于男性，这样在家庭中很难有话语权。

同理，男性依附于女性生活的情况同样存在。

男女双方是一个利益共同体，只有双方势均力敌，最为平衡。一方强，一方弱，很难不保证一方对另一方产生不满，进而影响到双方感情。所谓"双向奔赴最有意义"。"剃头挑子一头热"是很容易出现问题的。

8. 缺乏感情基础

现代婚姻建立在自由恋爱的基础上,但还是有很多通过相亲方式认识的男女,或者通过互联网媒介认识的人,他们在缺乏深厚感情基础的情形下结婚,婚后很容易陷入柴米油盐的困境,彼此产生很多矛盾。

所以我才一再强调婚前要睁大眼睛!感情基础深厚与否与婚姻质量高低息息相关。

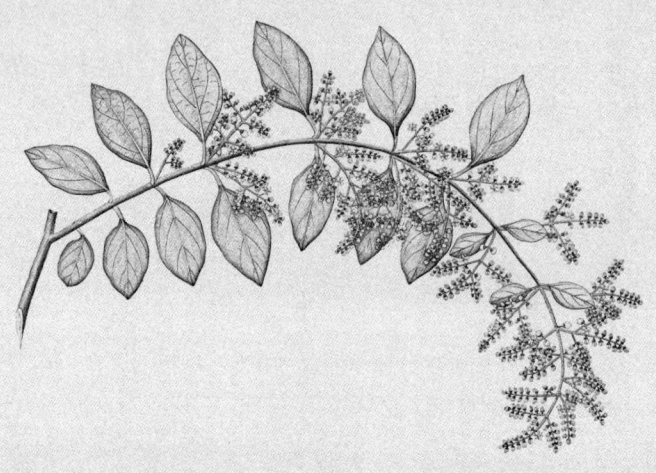

第二章 婚姻不是爱情的坟墓

假如你问我该不该结婚,我会引用苏格拉底的一句话回答你:无论如何,你都会后悔的。

"婚姻是一座围城,城外的人想进去,城里的人想出来。"无论单身还是结婚,都有人乐在其中,也有人苦苦煎熬。

其实,适合自己的才是最好的。

三观一致的婚姻很重要

在婚姻里,有一个快被大家嚼烂了的词,那就是"门当户对"。"门当户对"讲的本是两件摆在大门处的装饰物。"门当"是大门前的两个石鼓,用来镇宅装饰,稳固门面;"户对"则是置于门楣上方或两侧的圆柱形或六角形的木雕(石雕)。门当的大小,户对的多少,取决于主人的身份。大户人家的府邸一般为两个或四个户对,高官贵族就更多一些。因此,古代人家在嫁娶儿女之前,常常会暗中观察一下对方门前的"门当""户对",逐渐演变成了衡量男女双方家世背景的一个标志。

"门当户对"就是结婚的男女双方,彼此的家庭背景、文化素养、经济能力、生活习惯等要尽可能相近些。这样,两个人在以后的共同生活里,磨合的时间会大大缩短,相互的融洽度也会大大提高,幸福指数自然会更高。

"物以类聚，人以群分。"出身相同，背景相同的人，在生活中更容易找到共同语言，过起日子来更容易过到一块儿去。

在生活中很多伴侣分手时都会以"三观不合"为理由，那么"三观"到底是什么？

一般来说，"三观"是人生观、世界观和价值观。在婚姻中，我们也可以说是爱情观、经济观、生活观，就是两个人对生活、对爱情、对家庭的看法和想法是否一致。

妻子喜欢吃辣，丈夫喜欢清淡，这不算三观不合，但如果丈夫认为妻子吃辣是不对的，应该和他一样饮食清淡，这才是三观不合。

男女相处，始于颜值，敬于才华，合于性格，久于善良，终于人品。两个人最初的激情过后，平平淡淡、柴米油盐才是婚姻的本质。在长久的生活中，如果两个人最基本的看法不能达成一致，势必难以和谐相处。大至国际局势，小至育儿方针，都可能引发两个人的战争。

在婚姻中，三观是否合拍，可以从以下几点自测一下：

1. 两个人是否有共同话题

一对恩爱夫妻总是会有聊不完的话题。两个人有共同语言，也就意味着他们喜欢交流，无论是生活中的点滴，还是路上的见闻，抑或工作中的困惑，两个人能互诉衷肠，哪怕一起吐槽，都能增进彼此的感情。试想，夫妻之间如同陌生人，没有眼神和言语交流，那这样的婚姻又有什么意义呢？

2.是否有相同的消费观

消费观是价值观的一种体现。尽管并非有钱的人一定会奢侈，贫穷的人也不一定会节约，但如果夫妻二人对用钱的看法不一致，一个认为买东西能用就行，一个认为必须追求品牌、品质；一个喜欢在路边小店讨价还价，一个进大商场从不还价；一个喜欢旅游，愿意花钱，一个却异常节约，认为旅游败家……诸如此类，两个人如何能好好相处呢？

3.是否能理解彼此的成长背景

两个不同地域的人因为成长环境的差异，往往也难以适应对方的饮食、生活习惯。比如北方的老公偏爱面食，南方的妻子喜爱海鲜，为了适应这些差异，必然有一方需要让步。如果没有更多的精神支撑，两人的最终结局真不好说。

跨国婚姻成功的案例很少，就是因为两个国家之间的人文生活、距离等差异，让异国恋人需要面对的鸿沟比一般恋人更多更大。

4.是否有相同的朋友圈

通过他的朋友，也能看出他的部分生活习性、思想价值观等。假如对彼此的朋友看不惯，那么潜意识中也很难认同对方。喜欢学习的人，认识的朋友多半学识渊博；喜欢旅游的人，认识的朋友多半也喜欢四处看看；喜欢喝酒玩乐的人，认识的多为酒肉朋友；心胸狭隘、喜欢抱怨的人，身边多半也是充满负能量的人。

所以，假如伴侣之间的朋友圈层相差巨大，也要考虑下两人是否合拍。

5.对未来的设想是否一致

两个人有共同的生活目标，才能齐头并进、共同奋斗。电视剧《中国式离婚》中，妻子林晓枫非常不满老公宋建平安于小医生的平凡，不思进取。老公被迫辞去国营医院的工作，进了大医院。而生活变好之后，妻子却又总是怀疑，对老公不信任，从而引发了一系列冲突，最终两人都不堪折磨，以离婚收场。

艺术来源于生活。这个电视剧之所以引起观众的共鸣，就在于剧中的夫妻在现实中真实存在。两个人对未来的期盼值不同，且观念不能相融时，必然会产生矛盾。所以，夫妻双方，不管是甘于平淡，还是追求财富，哪怕放弃安稳到处流浪，都是个人的选择，生活方式没有对错，关键在于在一起的两个人是否都能认同这样的生活方式。

三观决定选择，选择决定命运。没有两个人的想法能够完全一致，但在恋爱时，一定要清楚彼此的三观是否一致，大方向没错，才能有机会慢慢磨合，从而拥有完美的婚姻。

爱情在左，亲情在右

在我国古代，爱情和婚姻只能遵从"父母之命，媒妁之言"，凡敢大逆不道拒绝包办婚姻者或自由恋爱者，轻则被锁入深闺，重则游街示众。中国古代经典爱情故事《白蛇传》《梁山伯与祝英台》《牛郎织女》，无不表现了当时的青年男女对自由恋爱的憧憬。

五四运动之后，城镇进步青年接受了西方新思潮的影响，才开始正式追求自由恋爱，然而当时的自由恋爱，还只是中国青年的美好憧憬，还要面对家庭、社会、亲友的重重阻挠和非议。直到1950年新中国颁布第一部《婚姻法》，反对当时普遍存在的封建包办、买卖婚姻制度，确立了一夫一妻制，自由恋爱、自主婚姻才得到了法律的认可，逐渐成为新中国青年男女的恋爱主旋律。

时至今日，父母之命不再是恋爱的束缚。

事实上，父母反对的爱情，还是要三思。父母反对的情况一般有三种：

（1）认为两个人的家庭出身，经济地位，学历等不般配；

（2）认为对方人品不好，或者有其他父母看不惯的毛病；

（3）因两个人距离太远而反对。

对于第一种情况，通俗地说，就是要"门当户对"。

这个般配以前多指在物质经济条件上的般配。古语"嫁汉嫁汉，穿衣吃饭"，就很明确地点明了婚姻的一种基础需求。但这句话是建立在古代女人地位低下基础上的。对于现代女性来说，绝大部分女性经济独立，嫁人并不是为解决温饱问题，而是为了更高层次的思想共鸣，灵魂契合。

《简·爱》里有一句经典台词："爱是一场博弈，必须保持与对方势均力敌，才能长此以往地相依相惜。"

作家钱锺书与妻子杨绛堪称伉俪典范。两人都爱好文学，有共同语言；且相互支持，不离不弃。杨绛为支持钱锺书的创作，甘当"灶下婢"，这才有了《围城》这部经典作品的面世；而杨绛也写了《洗澡》《我们仨》等作品。胡河清曾赞叹："钱锺书、杨绛伉俪，可以说是当代文学中的一双名剑。"冰心也曾评价说："他们是现在中国作家中最美满幸福的一对，学者才人，珠联璧合，相得益彰！他们有风骨、风度，又有风趣，是我永远不会忘记的可敬可爱的一对朋友。"

对于第二种情况，要辩证看待。

老人相对年轻人经历得多，经验也相对丰富，从过来人的身份，站在局外人的角度，往往给出的建议和意见还是值得借鉴的。如果老人真的看出对方人品不佳，子女也要尽量保持冷静，多想一想。如果是无伤大雅的毛病，也多冷静观察。毕竟恋爱时会放大一切优点，结婚后却会放大所有缺点。

处在甜蜜爱情中的男女，很容易迷失自我，甚至有一种叛逆心，家长越反对，越是爱得难舍难分。这样的做法我们不能说一定没有好结果，但确实有很多人后悔当初没有听从父母的劝告。

时代在变，真心不变。在这个乱花渐欲迷人眼的时代，婚前擦亮双眼，保持理性，合理听从父母的意见和建议，是避免婚后后悔的好方法。

对于第三种情况，如果因为异地，距离远而反对，也要分清情况。

一般来说，不同地区的饮食习惯、风俗、生活都不一样。异地的情侣如果走向婚姻，必定会选择其中一方所在地生活，但不管怎么说，总会亏欠另一方的父母。

特别是远嫁的女人，最开始往往难以融入新的环境，心中有苦闷也难以找到发泄的途径，对父母无法尽孝也会心怀愧疚，唯一能拥有的只有丈夫的爱。如果这份爱逝去，则真的会很难、很孤独。

所以，爱情可以不顾一切，但是涉及婚姻，还是要多想想，自己是否能够忍受异地的孤独？毕竟爱情的新鲜很短暂，婚姻却很漫长。

但是，如果真的认准了对方，也考虑了种种困难和障碍，还是想要继续在一起，那就好好地和父母沟通吧。要知道，骑白马的不一定是王子，也可能是唐僧。女人最容易被爱情冲昏头脑，所以更要多看、多想。

除了相爱，什么都不是事儿

武侠小说家古龙先生这样评价女人："世界上不吃饭的女人或许会有几个，而不吃醋的女人却没有一个。"难道，女人爱吃醋，男人爱花心，真的是爱情真理？的确，在婚姻里，最重要的事也就是爱了。

女人吃醋，是因为真爱，因为爱，所以极其在乎；因为爱，所以害怕失去。曾经有一个男性朋友，在酒桌上这样抱怨："如今我去哪儿，去干啥，我老婆一概都不管，就算有女人打电话到家里找我，她也绝不会吃醋。她心里根本就没有我，她根本就不在乎我！"第一次看到男人因为自己的女人不吃醋而痛心疾首，原来，男人也知道，吃醋的女人才是真爱的女人，不吃醋的女人，已经不再有爱。所以，女人吃醋没错、女人吃醋有理。女人吃醋，男人开心；女人不吃醋，男人徒悲伤。不过，女人的醋，要吃得恰到好处才妙，千万不可乱吃、猛吃，免得醋味太重，熏坏了爱情。

花心，其实也是男人的天性。在远古时代，为了繁衍后代、种族兴旺，男人会不断地寻找更有生殖能力的女人。所以，从生物学角度讲，男人始终保有原始的雄性激素，始终保有原始的觅偶冲动。

男人总是充满躁动与不安，他们求新、求变，骨子里都有喜新厌旧的倾向，就像流连花丛间的蝴蝶，总想在花丛间翩飞，总想撷取最鲜嫩的花朵。只有在阅尽人间春色之后，男人们才会安静下来；只有在疲倦之后，男人们才会想到找一处安定的港湾歇脚；也只有在满足了花心的欲望之后，男人们才会褪尽繁华回归本真。那么，最幸福的爱情，就是把你变成男人的终点。男人再花心，一生当中也会有一个深爱的女人，历尽繁华之后也会懂得珍惜。

面对自己的醋心，恋爱中的女人要多加约束，注意适度；面对男人的花心，恋爱中的女人要保持好心态，认真分析与解读花心男是否具有责任感。多情的男人很多，但多情并不意味着滥情；花心的男人也很多，但花心并不意味着他对恋人、对家庭不负责任。男人可以花心，却不可以滥情；男人可以花心，却不可以逃避责任。只要他能在万花丛中把持自我、保持理性，只要你最终能够成为他的幸福终点站，你就是笑到最后的胜利者。

婚姻不是坟墓

和相爱的人携手踏上红地毯,一起走进婚姻的殿堂,是爱情里最幸福的圆满。然而,现在很多年轻人,特别是都市里的年轻男人,却在爱之后,拒绝结婚,他们患了"结婚恐惧症",说婚姻是爱情的坟墓。面对即将到来的婚姻,他们极其不安,恐慌不已,甚至还会临阵脱逃。重庆有一对恋人,婚期都已选好,婚房、家具都已备齐,双方家长也皆大欢喜。但因为男方突如其来的结婚恐惧症,两人将领取结婚证的日期一推再推,竟然推了七次还没有领证。最后,女方忍无可忍,挥刀乱砍新房中的家具,男方伸手夺刀时,竟被刀刃划断了右手的三根肌腱。最后,男方解释了恐婚的原因:"我从来就没有想过不结婚,更没有想过不和她结婚。只是每次到要结婚的时候,就觉得心里紧张、坐立不安。我也不知道为什么,我并不想离开她。"男方的一次次恐婚,让女方愤怒到癫狂,终于酿成了挥刀砍伤恋人的惨剧。为什么有的人会患上"结婚恐惧症",他们到底害怕什么?

患上结婚恐惧症的原因有很多,其中最主要的原因有以下三个:

1. 担心婚姻是爱情的坟墓

如今,很多媒体都对婚姻的可靠性、持久性和幸福性进行了严肃而苛刻地审视,以至于很多恋爱中的人,都对婚姻产生了不同程度的不信任感。特别是年轻人,他们未曾经历婚姻,更不愿为婚姻而改变。所以,在面对婚姻时,他们不可避免地会将媒体宣传中的婚姻挫折与自己的未来"对号入座",对婚姻产生抗拒和恐惧情绪。

2. 认为婚姻是自由的枷锁

钱锺书在《围城》中说"城外的人想进来,城内的人想出去"。在这个崇尚自由的时代,很多人标榜个性、害怕束缚,认为婚姻是自由的枷锁,因此拒绝结婚、拒绝做孩奴。这样的人往往喜欢随性潇洒、喜欢通宵泡吧、爱睡懒觉、爱聚众狂欢。所以,他们害怕婚后循规蹈矩的生活,害怕爱人的唠叨和孩子的哭泣,所以,他们拒绝结婚。

3.担心婚后的伤害与离弃

有些人在成长过程中,曾经看到父母或者亲人之间的爱情纠葛和相互伤害;有些人在曾经的爱情里有过被伤害、被背叛的经历。所以,他们害怕结婚后会遭遇出轨、外遇、背叛。"执子之手,与子偕老"只是最初的向往。如果心中已经布满伤痕,又如何能够在即将到来的婚姻面前充满自信、满怀憧憬?他们的恐婚,其实是一种自我保护;他们畏惧婚姻,只是因为害怕受伤。

如果你的另一半已经患了"结婚恐惧症",那么你的责任重大,别着急、别愤怒,也别怀疑他对你的爱。从医学角度分析,当"结婚恐惧症"严重到一定程度,必然会表现出烦躁、易怒、偏执,甚至沉默寡言、孤僻冷淡。医学专家们研究出了治疗"结婚恐惧症"的科学方法,即从身体与精神两方面进行治疗,消除恐惧。比如,利用按摩来缓解压力,多听舒缓情绪的音乐,通过心理辅导进行治疗。但心病还需心药治,作为恋人的你,是最贴心、最及时的良药,只有你,才能快速便捷地消除对方的结婚恐惧症。消除"结婚恐惧症"的方法主要有以下三种:

1.让对方体验未来的幸福

结婚是一件多么美好的事情!两个相爱的人,历经种种磨难,翻越千山万水，终于走到了幸福之城。就差那么一个仪式，就推开了幸福的城门，就可以拥有一生的幸福。所以，要想让城门前踌躇不前的对方迈出关键性的一步，就要让对方看见城内的美好和幸福。你可以拉对方一同拜访一对幸福的夫妻；可以和对方同看一部婚姻佳片；可以和对方一起去幼儿园接亲戚的孩子；还可以邀对方和你们全家一起欢度中秋佳节。总之，让对方看见婚后的幸福，才能消除对方对婚姻的恐惧，激发对方对婚姻的向往。

2.培养对方的家庭责任感

自由成性的男人，大多没有什么家庭责任感。要培养对方的家庭意识，激发对方的家庭责任感，最好的方法就是让对方了解自己的父母、你的父母对家庭付出了多少，对子女付出了多少。"不养儿不知父母恩"，只有让对方充分意识到父母对家庭的付出、对孩子的付出，对方才会珍惜来之不易的生活，才会明白自己在家庭中的责任，也才会心甘情愿去承担未来家庭的责任，从而不再拒绝结婚。

3.建立对方对婚姻的信心

要想让对方不再惧怕婚姻，就要让对方对婚姻的幸福和美满充满信心，对爱情的持久和忠诚充满信心。这就需要你通过不断的努力、付出，让对方感受到你的爱不是一时冲动、不是轻歌曼舞，而是经得起柴米油盐和岁月的侵蚀。让你们的爱情"软着陆"，让对方体会到你的踏实、忠诚、坚贞。只有这样，对方才会放弃恐惧，安心地和你结婚。

婚姻性格测试

不同的人性格不同,面对婚姻时,所期盼的方向和所持有的态度也迥然不同。那么,你究竟是怎样的性格,又会遇到怎样的婚姻呢?请认真回答下面的测试题,要根据第一感觉来回答,才能真正发现你的婚姻之路通向何方。

(1)你是否认为,和真正相爱的人结婚只是文学作品里的故事,在现实生活中根本不存在?

  是的→(4)   不是→(2)

(2)你喜欢温柔的爱人,还是强势的爱人?

  相对强势→(3)   相对温柔→(5)

(3)如果你的爱人出轨了,但是事出有因,你能够原谅吗?

  根据情况酌情考虑→(4) 不论什么原因都不能原谅→(5)

(4)婚姻中,你喜欢打电话给另一半还是发微信、发短信?

电话→（6） 　　　　　　短信→（7）

（5）婚姻中，你总希望和爱人黏在一起？

是的→（6） 　　　　　　不是→（8）

（6）你是否害怕婚姻太过波折？

是的→（7） 　　　　　　不是→（8）

（7）爱人送的礼物，就算是非常廉价的东西，你也会小心认真地珍藏起来？

是的→（9） 　　　　　　不是→（10）

（8）无论工作有多忙，你也不会忘记每晚告诉爱人是否回家吃饭？

是的→（9） 　　　　　　不是→（11）

（9）你非常喜欢和家人、朋友或者爱人合影？

是的→（10） 　　　　　　不是→（11）

（10）你是不是想和婚姻中的那个人白头到老？

是的→（14） 　　　　　　不是→（12）

（11）你会省吃俭用、勒紧裤带，存钱买一个正品的LV包包吗？

是的→（12） 　　　　　　不是→（13）

（12）对于爱人赠予的贵重礼物，你接受时的心态是怎样的？

欣然接受→（14） 　　　　　　心有不安→（13）

（13）你是否希望自己的爱人记得你们的每一个纪念日，并且都会事先安排好浪漫的活动？

　　是的→A　　　　　　　不是→C

（14）你会被韩剧中出现的浪漫情节感动，并且希望自己也能成为剧中的爱情主角吗？

　　是的→D　　　　　　　不是→B

测试结果：

A.倔强爱人，纯爱世界

你是一个独立、倔强并且非常单纯的爱人，你对婚姻有着自己的看法和自己的追求，并且能够坚持自己的主见。不过过于单纯的爱情向往，使得你很容易受骗，你所追求的纯爱世界其实并不存在，真实的婚姻，少不了人间烟火，也少不了物质基础。所以，你的婚姻注定会让你觉得不满，觉得失望，因为纯爱世界的确远在天边。

B.现实爱人，模式婚姻

你是一个非常现实的爱人，在钢筋水泥的世界里，你的清醒足以让你直面自己的缺点，同时洞察爱人的弱点。但是你的个性过于强悍，甚至是过于自负，所以你在婚姻里并不抢手。而你所追求的婚姻，也是最普通、最模式化的婚姻，甚至乏善可陈，但却因为你的现实而相对还算稳固。不过虽然平稳，却是一潭死水，谈不上甜蜜幸福。

C. 孤单爱人，付出真爱

你是天生的爱情流浪者，因为你悲观的性格和不安定的内心，所以你既不会相信承诺，也不会相信永远，因此，你会不顾一切地去爱，不管对方是否接受，也会不顾一切地离开婚姻，只要你觉得爱情已然不在。但是，你有没有想过，虽然你觉得你的爱情轰轰烈烈，但是对方是否喜欢你，是否能够接受你的爱，对方是否还爱着你，你的任性独行又会不会伤害婚姻中的另一半？

D. 中庸人生，活在当下

你是个个性平稳的中庸之人，你不偏执，不追究，宽容而豁达，你活在当下，更专注于眼前的快乐。所以，你的婚姻不会太张扬，也不会太波折，不过没有风浪并不代表你不幸福，因为你活在当下，所以你其实是最后享受婚姻的幸福之人。不过你要注意，防微杜渐，居安思危，否则有一天，你的婚姻大厦突然崩塌，你恐怕就难以承受，不堪重负了。

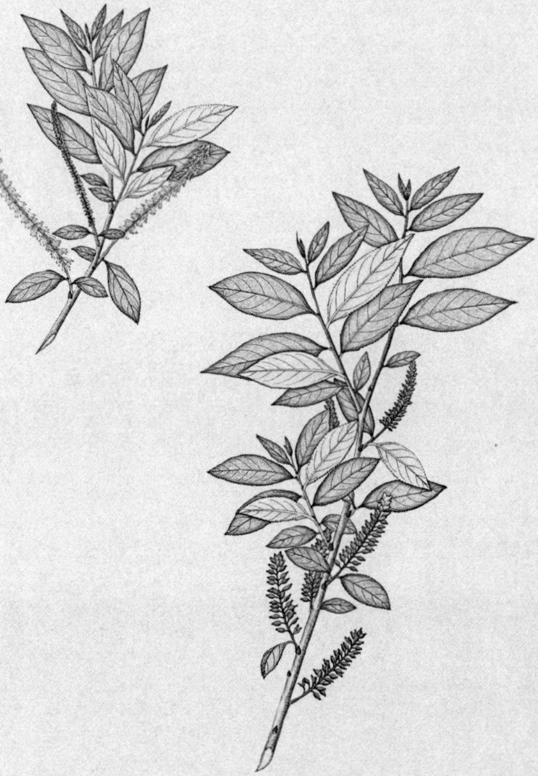

第三章　婚姻保鲜计

爱情需要保鲜，婚姻更需要保鲜。唯有夫妻双方懂得拒绝内耗、用心经营，才能化解婚姻生活中的种种难题，让感情历久弥新。

婚姻里的DNA

美国心理治疗专家鲍恩认为,"原生家庭中的父母关系模式和亲子关系模式,会持续影响孩子未来的人际关系,尤其是在亲密关系中,人会倾向于复制早期原生家庭中建立的关系模式"。

简而言之,有些人恋爱,总喜欢找和父亲或者母亲相似的恋人;有人却发誓,坚决不要找像父母那样的人共度一生。有人抱怨:"为什么我做不到,父亲就可以做到?"于是努力用父亲的方式去对待自己心爱的人;还有人恼怒"我怎么这样?"因为母亲就是这样的,受够了母亲的"这样",却无法拒绝自己也用"这样"的方式对待恋人。其实,这是你的情感DNA在作祟。

有这样一个故事,一个爸爸有家暴倾向,三个儿子从小目睹妈妈被欺负,却反应不一。老大继承了爸爸的印记,他认为男女相处就是这样的模式,觉得女人是可以欺负的,长大后也对他的老婆家暴;老二则有了完全相反的印记,觉得妈妈很可怜,觉得女人很柔弱,应该心疼,所以长大后对老婆非常好,婚姻幸福;老三对这种相处方式产生恐慌,觉得婚姻很可怕,最后变成了不婚一族。

三个儿子虽然反应不一样,却都与原生家庭的情感模式相关联。

情感 DNA,可以把它理解成遗传基因中一段"无形"的 DNA 片段。它来源于你的父母,是你父母情感 DNA 的重组结合体。你会喜欢什么样的人,和爱的人怎么相处,在婚姻里会得到怎样的幸福,都取决于它。所以,你的幸福,在于父母情感 DNA 的"表达"。

很多时候,我们发现,成年的我们,竟然和自己的母亲或父亲有着那么多相似的地方。

朋友 A 就曾经提到过,她的父母在她小时候经常争吵,一言不合就针锋相对。长大后,她发现自己和男友很难好好相处,两人一说话就容易吵架、冷战,几次恋爱都不成功。后来通过咨询,才意识到是原生家庭对她打上了冲突型相处模式的烙印。她不懂与伴侣怎样和谐相处,她没有感受过这样的相处方式。所幸后来她终于遇到一位特别能容人的男士,对她百般包容,用爱化解了她心中的寒冰。

遗传的力量是不可估量的。不管你再怎么排斥你的父母,你还是无法拒绝父母的情感 DNA,它们注定是要遗传给子女的。追求恋人的方法,和爱人相处的方式,就连处理争端的思路和将来教育子女的方法，我们都可能和父母当年的态度一模一样。谁让我们是他们的孩子呢？来自父母的情感DNA左右着我们思考问题的方式。

当然，这种左右并不会完全一致。遗传基因分为显性基因和隐性基因，显性基因遗传的概率相对较大。我们所遗传的父母的情感DNA也一样，显性的概率比隐性的概率大得多。父母DNA的"显性"表达表现为，女儿的恋父情结、儿子的恋母情结，即想找一个像父亲或者像母亲那样的恋人，自己也愿意成为父亲或者母亲那样的恋人。"隐性"表达则表现为，不想与像父母那样的人在一起，要成为与父母完全相反的人。当然，还有些儿女"不完全"表达父母的情感DNA，即在基因重组后出现基因变异，在成长过程中吸收父母的优点，摒弃他们的缺点，坚持做自己，这是最好的情感DNA重组。

如果周边的生活环境和家庭环境大相径庭，那么恋爱中的女人，其情感DNA的表现形式会因为周边环境的影响，部分"抵消"情感DNA的遗传影响。同时，女人们所接受的教育，所读的书、所看的电影，甚至所做的旅行等，都会引起情感DNA的部分变异。最能够引起情感DNA变异的是我们所经历的爱情和婚姻，在恋爱和婚姻里，我们会发现适合自己的才是最幸福的。这种最适合我们的，并不一定符合遗传的情感DNA的模式，但却是最适合我们自己的情感模式。

破除婚姻中的"假想敌"

很多刚结婚的女人都有这样的体会，结婚后，生活中就多了一种对手——婚姻假想敌。这对手或多或少，可能是丈夫的前任女友、暗恋对象或者他曾提及过的女人，也有可能是新的家庭关系，还有可能是丈夫的工作、爱好或者朋友。

有这样一个段子：

她日记：

昨天晚上他真的是非常非常古怪。我们本来约好了一起去一个餐厅吃晚饭。

但是我白天和好朋友去购物了，结果就去晚了一会儿——可能因此他就不高兴了。他一直不理睬我，气氛僵极了。后来我主动让步，说我们都退一步，好好地交流一下吧。他虽然同意了，但还是继续沉默，一副无精打采、心不在焉的样子。我问他到底怎么了，他只说

"没事。"后来我就问他,是不是我惹他生气了。他说,这不关我的事,让我不要管。在回家的路上我对他说,我爱他。但是他只是继续开车,一点反应也没有。我真的不明白啊,我不知道他为什么不再说"我也爱你"了。

我们到家的时候,我感觉我可能要失去他了,因为他已经不想跟我有什么关系了,他不想理我了。他坐在那儿什么也不说,就只是闷着头看电视。继续发呆,继续无精打采。后来我只好自己上床睡觉了。10分钟以后他爬上床,他一直都在想别的。他的心思根本不在我这里!这真的太让我心痛了。我决定要跟他好好谈一谈。但是他居然已经睡着了!我只好躺在他身边默默地流泪,后来哭着哭着也睡着了。我现在非常确定,他肯定是有别的女人了。这真的像天塌下来了一样。天哪,我真不知道我活着还有什么意义。

他日记:

今天意大利居然输了。

看完这个段子,有没有会心一笑?男人和女人的差异真的就是这么大!

女人是发散性思维,碰到事情脑子里可能瞬间已经山路十八弯了,而男人是直线思维,说话做事喜欢直奔主题。女人发现男人的一点点异常,心里也许已经脑补出几十集的大戏了,而男人可能只是发了一下呆。

虽然女人也有很强的第六感，在某些时候确实很灵验，但也有很多时候是庸人自扰。比如，女人喜欢在心中暗暗较劲：自己的身材是不是比不上丈夫提及过的那个女孩？自己的言行举止是不是已经被婆婆挑剔？自己是不是已经不再对他有吸引力，以至于他周末宁可和几个男性朋友去钓鱼，也不肯陪自己逛街？

新婚女人脑补了无数可能，与假想敌在心中拉开了三百六十回合大战。最终呢？或许这个假想敌也在心中把你当作对手，或许这个假想敌对你一无所知，更可能从来都不曾有这样一个假想敌真正出现，从始至终仅仅是你一个人孤军奋战。陷入假想的女人则可能陷入怨恨、猜疑、嫉妒，暗自神伤，无法自拔。

其实，婚姻里真正的敌人只有你自己。爱得愉快或恨得伤悲，都是自己主导的戏。聪明的女人懂得好好修炼自己，将自己的婚姻戏演绎精彩。

对于丈夫的旧情人或者女同事，建议保持平常心即可，你越紧张，对方有可能越烦你，越有可能将你与别人比较。要相信自己是独一无二的存在！

而关于恶婆婆的假象，几乎是每个新婚女人都会有的，然而并不是所有的婆婆都是恶婆婆，用心去观察去体会，用爱去改变心中的假想敌，其实，婆媳关系并不都那么难以处理。

有一个老师分享了自己的故事：当年她远嫁他乡入住婆家时，小资的婆婆对农村出身的她非常不友好，因为地域不同，语言不通，在家里她非常苦闷。婆婆挑剔她做菜不合口味，吃完饭就和公公进卧室看电视，老公下班后，又把老公叫进卧室用家乡话聊天，剩她一个人独自待在客厅。这样的情况让她感觉老公和公公婆婆才是一家人，而她是客人。后来，她主动把自己的焦虑讲给老公听，让老公意识到这个问题的严重性。老公就找了一个机会和婆婆聊天说了自己的想法，而她呢，也通过自己的努力让婆婆对她的印象逐渐改观。现在婆婆对她也好得不得了。

这个世界上没有谁天生就是来和你作对的，婆婆也一样，没有必要一开始就对婆婆产生抵触情绪，老年人的看法、观点和年轻人不一样，理解这些差异，将心比心，真诚待人，尽自己的努力就好。当然如果最后还是没有好的结果，也不用灰心，保持距离即可。

至于把丈夫的爱好、工作，或者他的哥们当成假想敌，那就更是大可不必了。聪明老婆要学会和他一起享受爱好、分担工作、一起款待哥们，这样，爱情假想敌就变成了真情助推器。

比如，遇上爱运动的老公，周末一家人一起去打羽毛球，或者就在小区里打乒乓，都是很好的运动。如果老公爱摄影，可以自己当模特，让老公拍下你的靓照，多夸夸他，既可以增进两个人的感情，又让老公特别有成就感。哪怕遇上爱打游戏的老公，即使你不爱打游戏，也不要像对待敌人一样恶语相向，给他自由的空间和时间，如果觉得他冷落了你，也可以适当撒娇，沟通一下，相信老公也会平衡游戏和陪你之间的关系。

没有激情可以维持一辈子，婚姻也只是生活的一部分。两个人的相处，既要相濡以沫，也要保持独立的人格和空间。要想维持长久的婚姻，更需要精神层面的理解。所以，女人们千万别乱吃醋，那样只会适得其反。

不要把分手放嘴边

韩剧流行很多年了,它之所以流行,最主要的原因就是"够折腾""够纠结"。所谓的"一波三折",在韩剧中得到了充分体现。韩剧里的男女主角,总是分分合合,一会儿是男方被怀疑有了第三者,女方痛哭着说"我们分手吧";再过一会儿,又突然出来个哥哥弟弟,女方开始犹豫,提出分手。然而,在现实生活中,婚姻却是易碎的花瓶,经不起如此翻天覆地地折腾。婚姻中的人千万不要把"分手"当作口头禅!把"分手"当作口头禅,婚姻注定不顺利。

男人来自火星,女人来自金星。所以男人和女人,在处理爱情矛盾时,态度截然不同。女人总是抱怨、苦恼、哭泣、赌气,男人总是思考、等待、逃避、放弃。所以,很多恋爱中的女人,的确像韩剧女主角一样,总是赌气说分手。对于女人来说,分手并不意味着真的分离,分手是女人的爱情游戏。女人通过提出分手表达自己的不满、哀怨、气恼甚至渴盼。把分手当作口头禅的女人，不过是用"分手"来要挟恋人，期盼恋人能够给予她所向往的温暖、关怀和幸福。

而男人总喜欢把女人提出的"分手"当真，他们理性的大脑想不明白，女人为什么要三番五次地提出分手，虽然每次他们都在努力地挽回、努力地争取，然而，这一次次的"分手"预演，却在他们心里留下了重重阴影，让他们不得不思考自己和女人之间究竟是否合适，这场爱情是否正确。于是，在很多次的"分手"预演之后，男人就在心里预言"我们总归要分手"。于是，在女人又一次以分手要挟时，男人无奈地说，"好吧，分手"。到了这个时候，哭的就不是男人，而是女人了，因为女人根本想不到，她一直依赖的爱情，会真的一拍两散。

曾经有个小男孩脾气暴躁，经常出口伤人，很不讨人喜欢。一天，他的父亲给他一袋钉子，对他说："每次发脾气或跟人吵架后，就在栅栏上钉一颗钉子。"第一天，小男孩钉了37颗钉子。以后的日子，小男孩慢慢学会控制自己的脾气，钉子也越来越少，而且他发现控制脾气也比钉钉子容易多了。终于有一天，小男孩一颗钉子也没钉，他高兴极了。于是，父亲对他说："从今以后，如果你一天都没发一次脾气，这一天就可以从栅栏上拔掉一颗钉子。"日子一天天过去，栅栏上的钉子被小男孩全部拔光了。父亲笑着对儿子说："儿子，你做得很好，可是你看看栅栏上的钉孔吧，这些孔永远也不可能恢复原来的样子了。就像你和别人吵架，说了些难听的话，你就会在他心里留下伤口，像这些孔一样。无论你再怎么道歉，这些孔还在那里。"女人每次说分手，爱情栅栏上就会多一颗钉子，就算日后女人用温柔的力量拔掉了所有的钉子，爱情的栅栏也会千疮百孔。

从语言心理学的角度来讲，言语重复，本身就是心理暗示的一种方法。而从人格心理学的角度来讲，多次提出分手，必然会挫伤男性的自尊心和自信心，使得对方在爱情中退缩甚至回避。

婚姻中的人，千万不要把"分手"当作口头禅，要知道，建起婚姻的栅栏，绝非一朝一夕之功；而摧毁婚姻的栅栏，却可能只是你一次次说分手，这都是一颗伤人的尖钉，再牢固的婚姻栅栏，也难敌无数钉孔的侵袭。

警惕婚姻里的踢猫效应

有这么一则故事：一位丈夫工作不顺利，憋着一肚子火回到家中。吃饭时，妻子没有看出丈夫的不悦，依然要求丈夫为自己夹菜，丈夫一肚子火正好发在了妻子身上。这时，平时总让妈妈夹菜的儿子撒娇地说："妈，我要吃鱼，帮我夹。"妻子转头就是一句："你自己没长手吗？自己夹！"这时，和儿子玩得最好的小猫正朝他摇尾巴，儿子心里窝着火，朝它狠狠踢了一脚。

这就是典型的踢猫效应，坏情绪是可以传染的，而且传染的速度非常迅速。

美国心理学家加利·斯梅尔做过一个实验，他让一个开朗、乐观的人与一位愁眉苦脸、抑郁难解的人同处一室。结果，不到半个小时，这个原本乐观的人也变得情绪沮丧起来。实验证明：一个人的敏感心和同情心越强，越容易感染上坏情绪，而这种传染过程是在不知不觉中完成的，将低落的情绪传染给另外一个人只需要20分钟。

坏情绪是影响家庭关系的"头号公敌"，夫妻在一起过日子，家里家外的事情缠绕在一起，难免碰到坏情绪的时候，而我们大多数人常常把自己最差的情绪和最糟糕的一面给了最亲近和最爱的人。其实这是大错特错的。家是港湾，是一个讲爱的地方，而不是讲道理和论输赢的地方。

了解了踢猫效应，我们更要妥善处理自己的坏情绪，不要将工作或人际交往中的不顺，带到家庭中。回到家就要快速转换自己的角色。

心理学家认为，人们解决不良情绪有两种途径。

一种是消极心态解决，将自己内心的压力通过某种偏激的方式转嫁到别人身上，这种方法虽然能发泄坏情绪，但也会给其他人带来伤害。

另一种是积极心态解决，当你受到不公平待遇或意外伤害后，不是将心中的怒火发泄到他人身上，而是寻求一种不对任何人造成伤害、比较理智的方法排解情绪。这时不妨尝试听音乐、散步、打球、看电影、骑自行车等活动，都有利于缓解不良情绪。如果有条件，也可以试着捶捶海绵枕头、踢踢沙袋、敲一下解压玩具来释放压力。另外，找好朋友倾诉也是一个好方法。对于情绪，不能控制，只能疏导。当把不开心的事情说出来时，其实情绪已经好了一半。

请记住：人都活在关系里，而爱是关系唯一的解答！

善意的谎言

婚姻里的谎言，常常被视为洪水猛兽，其实，这个世界上哪里都有谎言，婚姻里也一样，不过在婚姻里，只有善意的谎言才是有益的；恶意的、欺骗的谎言，就会让家庭成为谎言的牺牲品。

这个世界上有不撒谎的婚姻吗？也许有吧，不过一定和恐龙化石一样少见。男人撒谎就像女人唠叨一样不可避免，要想让男人不撒谎，就像要天上的鸟儿不再飞一样不可思议，因为对于他们来说，撒谎不是罪，而是一种生活方式，一种"健康"的生活方式。而女人撒谎，有时候是为了骗取男人的宠爱，有时候是为了掩盖自己的小心眼。不管婚姻里谁撒谎，只要是善意的谎言，都应该被善意地对待。然而，有的婚姻中谎言密布，真情不再，相互间的猜疑就会把好端端的婚姻变成硝烟滚滚的战场，而家庭也就在这样的谎言里变得岌岌可危。

区别善意的谎言和恶意的谎言的秘诀只有一个，那就是"爱"。

曾看过一个故事，老公突然失业，为了不让妻子担心，天天假装上下班，在外面做其他苦工，而妻子什么都明白却不点破，只是默默支持老公。两人最后还是迎来了好的结局。这样的谎言有何不可？

当老公身处自己的妈妈和妻子的漩涡中时，智慧的老公不会火上浇油，而是两边哄，对妈妈说妻子的优点，对妻子说妈妈的难处，让两人能互相体谅。这样的谎言何乐而不为？

妻子生了小孩，身材走形了，老公却说你在我心中还是少女；老公带孩子手忙脚乱，笨拙不堪，老婆却夸他是个好爸爸。这样的谎言既能调剂生活，又能增加感情，多说一点儿才好呢！

夫妻间的爱情，宛如一锅熬了很久的小米粥，熬得已经浓香四溢的时候，就算是偶尔溢出一些也无妨；而如果已经熬得焦煳，那么就算是所有的粥还在锅里，也已经不能吃了。

夫妻都会吵架、会生气，然而只要还有爱，彼此就会不舍得离开，两个人都会不舍得让对方忧愁和烦恼。所以，如果你的爱人瞒着你，骗着你，失业了不跟你说，欠债了不跟你说，甚至连生了大病也跟你撒谎说自己的身体很棒，你也不要去揭穿爱人的谎言。

只要有相爱的心，不妨把善意的谎言当作爱情的润滑剂，把婚姻生龙活虎地过下去。

DIY自己的婚姻

谁不想要一个好老公,谁不想要一个好老婆,谁不想拥有完美的婚姻关系,那么就DIY自己的婚姻吧!

让我们先来看看好男人的标准定义:

(1)责任:责任心是好男人的第一要素,敢做敢当,决不推卸责任;

(2)善良:好男人一定要善良,对身边的每一个人都满怀善意;

(3)宽容:拥有一颗宽容的心,不会斤斤计较的男人才是好男人;

(4)自信:好男人是自信的,自立果断而不自负,生机勃勃充满活力;

(5)守信:好男人不会轻易承诺,一旦承诺则一言九鼎、言出必行;

(6)事业心:爱情是金钱买不来的,所以有钱有地位并不代表他就是好男人，好男人要有事业心，不论事业大小都会兢兢业业；

（7）体贴：一个简单的动作，一个温柔的眼神，是好男人就会关心你的点点滴滴；

（8）坚强：好男人会自己承担生活，不会让心爱的女人为他担心难过；

（9）忠诚：这点就不用多说了，相信所有的女人都不愿意自己的爱人红杏出墙；

（10）身体健康：好男人不一定威猛高大，但一定要健康，这样女人才有安全感；

（11）无不良嗜好：嫖赌不沾，烟可以抽一点，酒可以喝一点，但不能太过；

（12）有一颗平和的心：整天愤世嫉俗，抱怨社会不公、生活不平的男人不是好男人。

看完好男人的标准，你是不是有点沮丧，这么多条件，如何要求他一一达到？这就要看你的本事了。

具体来说，我们要走好下面四步，才能打造出你心中的好男人。

1.改造他的圈子

中国有句老话：物以类聚，人以群分，所以，要想把他打造成好男人，就要先改造他的生活圈子，从他的朋友、亲人入手，用你的计划渗透他的生活。好朋友是好男人的催化剂，如果能够成功改造他的圈子，为他营造一个良好的圈子，让他身处的圈子里，到处都是绝世好男人，那么他距离好男人也一定不远了。

2. 提升他的品位

好男人一定要有素质、有品位，要想亲手打造好男人，就要装扮他的外表，提升他的时尚感。为什么很多男人衣冠不整，会有人取笑他说，"最近老婆是不是回老家了？"这是因为在很多中国男人眼里，已婚男人的衣冠整洁是老婆的事情，所以，你有责任去帮他提升衣着品位和生活品位。这些不仅能够提高他的素质，更能够增强他的事业心，拓宽他的人际圈。

3. 鼓励他进步

很多时候男人就像孩子一样，要多加鼓励，才能够进步。对于男人来说，最要紧的就是面子，所以，要想让他乖乖接受你的打造，就要尊重他、表扬他，甚至崇拜他，给足他面子，他才会顺从你的安排。

4. 展示你的依赖

不要以为男人们天生都有责任心，看看媒体时不时报道的"巨婴"男人，就知道有些男人只是身体成熟了，而心灵还未成熟。所以，要想让他们明白生活的压力和爱情的责任，就必须把自己的坚强和独立藏起来，在他面前示弱、撒娇，展示你的依赖，这样才会让他有一种成就感，从而产生不可推卸的责任心。

在 DIY 好男人的过程中，还要提醒自己注意以下四点：

1. 享受这个过程

自给自足就要经历一个劳作的过程，所以要随时提醒自己有耐心、信心和韧性，享受这个过程，拒绝烦躁和焦灼。

2. 给他改过的机会

他可能会犯错，你看到他越位难免恼怒，此时不妨深呼吸抑制冲动，告诉自己：数到十再说他，数到十后不妨再数至一百，总之一定要给他改过的机会。

3. 自我反省，自我改造

自己也要经常自我反省、自我改造，才能够让他对你的措施心服口服，也才能让你们共同走进人生的新境界。

4. 改造他，但不要束缚他

男性的自我意识都比较强，所以你的打造计划一定要"随风潜入夜，润物细无声"，切不可让他有束缚感，否则他会产生逆反情绪，那样的话，你的"塑男"计划就难以成功了。

常爱常新，保鲜婚姻

很多婚姻中的人，都希望永远甜蜜，但婚姻很难是一帆风顺的，大都只能"风雨"相伴，很多婚姻都渐渐归于平淡。那么如何才能永葆婚姻甜蜜，常爱常新呢？这里，我们一起来揭开让婚姻甜蜜的秘诀。

1.找回新鲜感

两个人一个屋檐下过久了，新鲜感就没有了，亲密也就成了白开水，淡然无味，回想初恋时的甜蜜，如何找回那种幸福的感觉呢？抛开你们日常习惯的生活圈子，一起去陌生的地方，或者一起去旅游。在陌生的环境里，一起面对新鲜而未知的挑战，彼此眼里的对方重回陌生，而彼此都将是陌生环境里对方最信任的人，这时，亲密的感觉就会卷土重来。

2.称呼他的昵称

很多婚姻中的人都习惯用"孩子他爸""孩子他妈"，或者用姓名来称呼对方，恋爱时的种种甜蜜称呼都不再用。其实，不必觉得都老夫老妻了，不好意思再甜蜜地叫对方"亲爱的""宝贝"什么的，亲昵地称呼他，比如"大宝"或者小名，会让他感觉亲昵重来。你可以管你家老公叫"大宝"，孩子叫"小宝"，这样孩子也会感觉你们感情很好，而你们的关系，也会因为称呼而重回亲昵。如果你认为有些张不开口，可以在和他聊天，或者发微信的时候率先尝试。

3. 为他做点亲密小事

有时候，为他做点亲密小事，能够让婚姻峰回路转，这件亲密小事应该是以前没有做过的，并且最好是能够表达你的爱意和女性温柔的小事。比如给他洗一次头，为他做一次全身按摩，给他早安吻，一个走心的拥抱，或者是给他整理一下公文包。这样的小事看起来简单，却能够给他的内心带来温馨的感动，为你们的婚姻注入活力。

4. 制造浪漫惊喜，营造仪式感

很多夫妻婚后归于平淡，特别是有了孩子之后。但是切记生活需要仪式感，两个人之间也需要惊喜。一束花、一顿烛光晚餐、一份小礼物，哪怕是亲手写的一张小纸条，都可以给爱人别样的欢喜。不在乎价格，只在乎是否真心。

5.陪对方做一件喜欢的事情

恋爱时很多情侣恨不得 24 小时黏在一起，婚后却又渴望私人空间，不过保持适当的距离是对的。但是在周末，或节假日，或有特殊意义的时候，陪着对方做一件对方喜欢的事情，是可以增进感情的。比如妻子陪丈夫看一场球赛，哪怕自己连规则都不清楚也没有关系，你的陪伴对他意义非常；丈夫可以陪妻子逛一次街，或者喝上一次妻子特别喜欢的下午茶，也是一份心意。

重回甜蜜的秘诀其实并不复杂，只要你细心洞察，就可以窥出一二，除了上面的秘诀之外，还有一些辅助秘诀，比如"感受他的需要""和他一起建立新的兴趣爱好""与他同步思维""分享你的秘密"等，只要你真心投入，动动脑筋，总会揭开属于你们的婚姻保鲜秘诀。

婚姻关系的四个重要方面

好的婚姻是能够"算计"出来的,要经营好婚姻,就要睁开我们的慧眼,注意点点滴滴的生活小事,然后根据对方的"听力""能力""耐力""诚信力",计算出你获得的是不是良好的婚姻关系。听力+能力+耐力+诚信力,总分的高低就代表着你的婚姻关系的好坏。

1.听力

伴侣倾听、理解和沟通的本领。如果你的伴侣不懂得倾听,也很难从你的角度出发理解你的喜怒哀乐,更不懂得和你沟通的技巧,那么这个人再好,恐怕也很难成为一个好的伴侣。当然,"听力"是可以培养的。

"听力"检查要点:

(1)对于你特别感兴趣的话题,对方是否能够专心倾听并给予建议;

(2)对于你的烦恼对方是否能够很好地倾听并认真地开导;

（3）当你们发生意见分歧或者冲突时，对方是否能够听你解释；

（4）在家人或者朋友面前，对方是否总是善于倾听。

2. 能力

对方生活的能力，对伴侣负责的能力。恋爱、结婚，最需要"算计"的是对方应对婚姻生活的能力，而非在事业上纵横驰骋的能力。在恋爱中，不仅要看对方对你如何，还要看对方对这个世界的爱心和责任感，才能"算计"出在漫长的岁月里，对方是否有能力信守对你一生的诺言。

"能力"检查要点：

（1）如果你遇到困难，对方是否愿意放下手边很要紧的事情，第一时间赶过去帮助你；

（2）对方在自己的朋友或者家人需要帮助的时候是否能够热情出手；

（3）对方是否愿意帮助陌生人。

3. 耐力

一个好的伴侣，是懂得忍耐的。对方会在你烦躁的时候安慰你，会在你迟到的时候宽容你，如果对方连基本的耐力都没有，那么爱情里那些隐藏在激情之后的单调乏味，对方又该如何忍耐？"算计"婚姻关系，耐心是最重要的，婚姻就像两个人一起跑步，不论你跑得多慢，对方都应该有耐心和你一起并肩向前，只有这样，婚姻才能够抵达终点。

"耐力"检查要点：

（1）如果你持续生病一周或者半个月，这段时期对方对你的态度是否会有细微的变化；

（2）对方在和你一起等待，比如在银行排队或者排队购物的时候，是否有耐心；

（3）如果你们在外出的途中不小心迷路了，对方的表现是急躁还是安静；

（4）你们一起驾车外出，前面的车不小心剐蹭到你们的车，对方会大发雷霆还是宽容别人。

4.诚信力

一个在基本的公共事务面前选择欺骗的伴侣，也会在爱情和婚姻里说假话。诚信，不仅是商场上考察合作方的基本要求，也是情场上考察恋人的基本准则。你敢和一个满嘴谎言的人相爱吗？所以，要先清楚对方的诚信力，再确定对方那些美好的外表、幽默的话语、蓬勃的活力是不是你应该投入真心去爱的原因，因为没有诚信的人，终究可能连爱都是谎言。

"诚信力"检查要点：

（1）对方答应你的事情，兑现的比例是否在70%以上；

（2）在朋友们眼里，对方是否是一个说话算数的人；

（3）无论对你还是对同事、朋友，对方是否经常说谎；

（4）对方是否有违信行为，比如坐火车逃票、电话费拖交或不交等。

这四个方面虽然不够全面，但是能够足够客观地帮助你"算计"婚姻关系。

婚姻情商测试

很多青年男女,一旦陷入婚姻,就难免出现情商下降的状况。事实上,无论爱有多深,情有多浓,都要保持正常的较高的情商。只有这样,才能保证在婚姻中不迷路,才能保证拥有健康而顺利的婚姻关系。下面就让我们通过测试题,看看你在婚姻里的情商究竟有多高吧!

(1)一位朋友约你周末一起去打乒乓球,但你并不喜欢打乒乓球,那么你会怎么做?

A.反正周末也没事,有人约就去,喜不喜欢无所谓→(2)

B.不喜欢打乒乓球,所以回绝了朋友→(3)

(2)周末有闺蜜打电话跟你聊相亲的感受,你的态度是怎样的?

A.相亲有什么大不了的→(4)

B.觉得又害羞又好奇→(5)

（3）除了运动之外，只要是好玩的活动，你都喜欢参与吗？

A.是的→（6）

B.不是→（8）

（4）遇到喜欢的异性，你会想办法让对方注意到你吗？

A.会→（10）

B.顺其自然→（12）

（5）你是一个坚持不懈的人吗？

A.是→（11）

B.缺乏毅力→（7）

（6）你和异性一同到餐厅用餐，这时服务生端来咖啡，你会怎么做？

A.各自喝各自的→（10）

B.先替对方加好糖，然后将咖啡递给对方→（11）

（7）你是一个记仇的人吗？

A.记仇→（17）

B.不记仇，事情过了就算了→（18）

（8）家门口的电信公司推出一款非常漂亮的新手机，你会怎么做？

A.心动，想去买→（9）

B.除非自己的手机坏了，否则不会买→（12）

（9）如果一位比你大八岁的男性约你一起用餐，可是你跟他并不是很熟悉，你会怎么做？

A.欣然赴约→（13）

B.婉言拒绝→（14）

（10）当你心仪的对象转而追求你时，你会不会反而变得不是很在乎他？

A.不会→（16）

B.会的→（17）

（11）你是否热衷明星八卦？

A.不感兴趣→（16）

B.非常热衷→（17）

（12）有一位你并不喜欢的男性约你吃饭，你是否会赴约？

A.无所谓，去吧→（14）

B.不去→（15）

（13）与朋友约好周末一起逛街，周末你会怎么做？

A.准时赴约→（24）

B.如果有更吸引你的事情，你会取消约会→（23）

（14）你喜欢独处吗？

A.喜欢→（21）

B.不喜欢→(23)

(15)你是一个很有耐心的人吗?

A.不是→(20)

B.是的→(23)

(16)在公司晚宴上,你会穿低胸的礼服吗?

A.会的,一定把自己打扮得漂亮而性感。→(23)

B.不会,最多穿一身西装→(22)

(17)当你的意见被客户驳回,你会怎么做?

A.继续游说对方→(20)

B.立即放弃自己的建议,改听客户的意见→(19)

(18)你会主动向心仪的异性表白吗?

A.会→(22)

B.不会→(19)

(19)看电影或电视剧,遇到感人的情节,你会流泪吗?

A.会→C型

B.不会→D型

(20)你是急性子吗?

A.急脾气,想到什么就去做→D型

B.不着急,三思而后行→C型

（21）你已经有了男友，却收到其他男性的情书，你会怎么做？

A.很开心，适当与其他男性交往→B型

B.跟其他男性说明自己已经有男友→C型

（22）你会相信陌生人吗？

A.会的→E型

B.不会→D型

（23）如果有男生对你献殷勤，你会怎么做？

A.置之不理→B型

B.欣然接受→A型

（24）如果有陌生异性夸你漂亮，你会怎么做？

A.很开心→B型

B.认为对方不过是想搭讪，置之不理→A型

测试结果：

A型：婚姻里的情商指数为4

你单纯可爱，但并不幼稚，也并不轻浮。所以对于婚姻，你比较慎重，不容易被爱情冲昏头脑，意气用事。

B型：婚姻里的情商指数为3

你任性而随性，虽不轻浮，但却很容易陷入浪漫的爱情，忘记保护自己，忘记婚姻里也有陷阱。请提高情商，提高警惕！

C型：婚姻里的情商指数为5

你是婚姻里最清醒的那个人，有的时候，你的清醒会让对方感到无趣、无奈。但是，你绝不会允许任何可能伤害自己的事情发生，所以，你是爱情高手。

D型：婚姻里的情商指数为2

遇到婚姻，你的情商迅速下降，因为你笃信，如果这是一个错，也要给我一个机会去犯错。所以你很容易在婚姻里受伤，请一定要记住，不能走错的路，一定不能走，提高情商很重要。

E型：婚姻里的情商指数为1

你生活在童话里，你以为自己就是灰姑娘，对方永远会爱你，珍惜你。注意，爱情也是一场交易，不是所有的婚姻，都会给你幸福，你不设防，就难免受伤！

第四章 应对婚姻中的挑战

每个女人都希望拥有白头偕老的爱情,但并非每一段感情都能有始有终。我们从不害怕婚姻中出现问题,害怕的是出现了问题却不知如何解决,一味的逃避只会让矛盾在潜伏中逐渐扩大。

初恋啊初恋

很多时候，我们总以为得不到的那份爱情才是最好的，眼前的爱情则显得那样平淡乏味，事实上，得不到的真的就是最好的吗？

摘不到的星星总是最亮的，溜掉的小鱼是最漂亮的，错过的电影是最好看的，而错过的情人是最懂自己的。在人们心里，好像得不到的东西永远是最好的。那么，为什么得不到的东西总是最好的？如果真的是最好的、最适合你的，为什么又得不到呢？

西方著名心理学家契可尼曾经做过很多实验，发现人们对那些已经完成的或者是已经有了结果的事情很容易忘记，而对那些没有完成的事情却记忆深刻。这种现象被称为"契可尼效应"。

与契可尼效应经常联系在一起的就是初恋。在每个人心中，初恋都是神圣不可侵犯的，初恋的对象是我们一生中遇到的最美好的那个人。

法国著名女作家玛格丽特·杜拉斯，始终无法忘记她的初恋情人——越南华裔富商李云泰。因为种族观念，两人最后被迫分开，终身未见。直到李云泰临终前的一通电话，让杜拉斯沉寂42年的心再度萌动，明白对方始终是自己一生的挚爱。她将两人的交往经历写成了小说《情人》，后改编为电影，并因影帝梁家辉的完美演绎而被世人所熟知。

现实生活中，很多人的初恋也没有结果，让人遗憾。正因为遗憾，才会令人神往，让这段珍珠般的青涩时光，在记忆的长河中熠熠生辉。

仓央嘉措也因为在短暂人生中写给初恋情人的无数情诗而被后世男女所喜爱。他的诗情感炽烈，让人回味、叹息。

每个人心中都有一段刻骨铭心的初恋，不管是甜蜜还是悲伤，都很难忘记。而初恋往往是没有结果的，就是"没有完成的事情"。所以容易被长久记忆。

我们总是听见有人抱怨，以前错过了一个很好的男孩子或者女孩子，对方是那样美好，现在都会时常想起。

试想一下，如果他们当初接受了那个恋人，那么在以后的深入了解中，会不会因为发现对方的某些缺点而分开？

人们都说距离产生美，对于得不到的恋人，因为有着不可跨越的距离，你会逐渐把对方看作心中最完美的人，也逐渐把对方看作心中永远无法取代的人。

事实上,因为距离,初恋对象总是被偶像化,因为我们把得不到的东西偶像化了,所以过分地高估了初恋的价值,很多年后,即便是那个人已经与自己心里想象的形象差别很大,我们还是会惦记着当初的那点小情感,因为那是我们内心珍藏的记忆。

花心，不分男女

每一个出轨的男人在和情人一起的时候，都会信誓旦旦地说："我会娶你的"。但是往往离开了情人的怀抱就忘记了。所以基本上不会出现男人为了情人与妻子离婚的现象。即使有离婚的，也是因为出轨行为被发现，由妻子提出来的。

然而女人出轨很少有回头的，除非出轨的对象着实不想和她结婚。

据调查，大部分出轨的男人，在被揭穿以后都会选择离开情人，回到妻子身边。对于那场外遇，就像是一段小插曲，过去了就忘了。

为什么男人出轨，一般不提出离婚呢？

1. 男人找情人是为了找刺激

婚姻生活除了最初的甜蜜，接下来都是平淡无奇。所以男人为了找刺激，就会发生婚外恋。他们找情人只是为了缓解生活中的平淡，一般不会有与情人结婚的想法。当情人与妻子发生冲突的时候，他们大都会理智地选择自己的妻子。

2.男人找情人是为了面子

自古以来，男人都好面子。在现在社会中，有点身份地位的人没有情人好像是件很没有面子的事情。很多男人就为了有面子找情人。因此对于情人，男人很可能不会投入感情，跟情人之间只有性而没有爱，婚外情对于男人来说只是生活的调剂。所以在婚外情被发现以后，他会很果断地选择妻子而抛弃情人。

3.离婚会影响男人的事业

不管现在社会如何多元化，婚外情在人们眼中还是不道德的行为。而这坏形象往往会影响男人的事业。男人一直以来都是以事业为重。没有了事业，男人就什么都没有了，所以在面对情人与事业的时候，男人一般都会选择事业。

4.男人对妻子心怀愧疚

家庭生活中，妻子往往是最辛苦的那个人。现代社会越来越多地要求女性经济独立，因此现在很少有不工作的妻子。一般妻子下班以后还要做饭、做家务，照顾自己的丈夫以及孩子。不管男人跟情人许下了什么样的誓言，回家见到忙碌的妻子、可爱的孩子，满心都是愧疚，怎么可能还会跟妻子提离婚。并且现在离婚还涉及财产问题，如果婚外情被发现，男人就很有可能被扫地出门。

所以男人出轨行为一旦被发现,往往会回归家庭,与昔日的情人一刀两断。

而如果出轨的一方是妻子,那么多半双方会离婚。这又是为什么呢?

1.女性出轨大多是因为爱

女人是情感动物,她们与男人先性后爱的态度不同,她们如果有外遇,十之八九是因为真的爱了。并且女人思想相对专一,很难同时爱上两个男人。女人可以为了爱情不顾一切,如果再加上本来的婚姻不幸福,就会提出离婚。

2.伤害了男人的自尊心

男人是要面子的,尤其是在妻子出轨方面。如果妻子出轨了,男人会被很多人嘲笑,所以往往会因为自尊与妻子离婚。

因此女人出轨之后多半是要离婚的,抛开社会的舆论不说,女人本身对情感的态度也让她很可能主动选择离婚。

拒绝冷战

"冷战",指婚姻里的双方在发生矛盾冲突时,不争吵、不打闹,甚至不发生正面冲突,而是采取沉默的方式来处理矛盾。在婚姻中,如果出现冷战,不仅消耗精力,而且伤害感情。

电视剧《半路夫妻》中,有这样一段台词:"冷战就像在两个人中间挖沟,冷战的时间越长,这沟就越大,到时候就谁也拽不住谁了。"冷战是比热战更令人窒息的伤害。

拿拒绝做武器,对于女人来说,并不是一件容易的事情,需要有一颗固执而冷漠的心,需要忘却曾经的柔情蜜意,需要压抑所有的愤怒和悲哀。不说话、不哭泣、不理睬,说起来容易,做起来却很难。为了让自己忘掉时时刻刻萦绕在心头的愤怒和委屈,很多会做一些过激的事情,比如不吃饭、喝酒、哭泣。这不仅会伤害自己,也会伤害对方,这是最糟糕的"斗争"方式。

一般情况下，冷战中的两个人，表面上若无其事、不理不睬，内心却充满纠结和苦痛。一旦婚姻遭遇冷战，应当迅速查找冷战发生的原因，对症下药、缓解矛盾、结束冷战。冷战永远没有谁胜谁负，它从一开始，就注定是一场两败俱伤的战斗。

一位网友在网上发帖说："如果战争来临，祖国需要人就派我老公上。因为他擅长冷战，有常年的作战经验。至于他能不能回来不重要，主要是想为祖国做点贡献。"看到这个帖子，下面很多人跟帖纷纷吐槽自己的老公，虽说帖子有置气和开玩笑的成分，但也说明冷战在婚姻中的常见程度。

冷战的原因有很多，要酌情确定结束冷战的方法。

如果冷战发生的原因不过是鸡毛蒜皮、无伤大雅的小事，那么，请主动放下你所谓的自尊，向对方寻求和解。在婚姻里，除了原则性问题，并无对错之分。婚姻里的那个人，总会打破你所谓的原则，改变你所谓的习惯，成为你的一个例外，然后随着岁月流逝，在不知不觉中，他就变成了你的原则，他也成了你的习惯，这就是爱情。所以，根本没必要为芝麻大点儿的小事冷战。有那个时间，好好爱自己，好好爱对方。做好手中事，珍惜眼前人，才是婚姻里永恒的真理。

如果这场冷战的确源于原则性的错误，那么，战斗是一定要进行的，但是，不是持续冷战，而是要明确究竟是谁的错，错误是否可以更正，如果不可以更正，是否可以补救。亡羊补牢，未为晚也。如果你还爱他，那么就请打破僵局，主动找他，寻求解决问题的途径。当然，有些错误可能无法弥补，无法挽回，那么如果你还爱他，不管是你的错误还是他的错误，都请宽容一些，给对方一条生路，就是给自己一条生路，也是给爱一条生路。

冷战之所以伤人，就是因为在冷战的过程中，双方不再有沟通，不再有交流，不再有亲切，不再有关心。如同王菲所唱的一样，"相对默默无语，好像你我早有了默契，永不要幼稚地猜疑，彼此表情冷冷地，说明冷战继续。"冷战的冷，会让爱情一点点降温，持续的时间长了，就有可能冰冻彼此的心灵，冻结彼此的深情。所以，为了让自己的心不被冰冻，为了让自己的爱情不被冻结，为了让自己的婚姻前途光明，如果你在婚姻中遭遇了冷战，如果你还不打算放弃这段婚姻，那么，就请尽快暖热自己的心，捂热对方的情，结束冷战吧！

爱人之外：红颜知己与蓝颜知己

作家安妮宝贝曾说过："什么是妻子？就是你愿意把积蓄交给她保管的女人。什么是红颜知己？就是你能把有些秘密说给她听却不能说给妻子听的女人。"对于婚姻中的女人来说，男人的红颜知己是最令人头疼的人，然而男人总有他们自己的理由，让我们先来听听，他们为什么想要一位红颜知己。

（1）在爱人之外，拥有一位漂亮的"铁哥们"，能够满足男人的虚荣心。

（2）在爱人之外，拥有一位善解人意的"红颜"，能够满足男人的倾诉欲。

（3）在爱人之外，拥有一位心意相通的"红颜"，能够满足男人的征服欲。

（4）"红颜"可以招之即来、挥之即去，不会像爱人一样天天在一起，有新鲜感。

（5）"红颜"可以陪自己玩乐笑闹，爱人虽然也会，但是总想早点拉自己离开人群，享受二人世界。

（6）"红颜"可以任自己海阔天空畅聊，却不需要为任何一句话负责，她也不会把任何一句话当真。

做爱人的你不能做他的红颜知己，因为他深爱着你，所以要对你负责，为了不让你担心、难过、操心、不安，他不会什么都告诉你，所以，他需要一个红颜知己，可以释放自己作为"丈夫"的压力。

当然，再大度的妻子，对于男人的红颜知己，也难免会怒目而视，万一流水无情，落花却有意呢？万一那个红颜知己是《乱世佳人》里的郝思嘉，而你的爱人正好就是她心仪已久的阿希礼呢？在《乱世佳人》里，阿希礼的妻子媚兰，永远包容着、爱着丈夫的红颜知己郝思嘉，就连自己的小姑子告诉自己，亲眼看到阿希礼和郝思嘉拥抱在一起，媚兰也坚持不相信丈夫阿希礼和红颜知己郝思嘉之间会有任何不正当的情感。这样的坚定未免有些迂腐。女人可以信任男人，也可以信任男人的红颜知己，却不能不对男人的红颜知己多加防范。

1. 树立自己的威信

在婚姻里，一定要稳固自己在爱人心目中的地位，在爱人心中树立自己的威信。有一对老年夫妇，结婚数十年，相敬如宾，从未吵过架、红过脸，大家百思不得其解，纷纷上门讨教。老爷子伸出两根指头，道出幸福的秘诀："从结婚到现在，我一直遵循两条法则，第一条，老婆永远是对的；第二条，如果老婆错了，请参照第一条。"如果你的爱情指向婚姻，那么就请在恋爱中树立上述法则，这样，你的爱人就断然不敢轻视你的地位，不敢将红颜知己的位置置于你的位置之前。

2. 建立共同的志趣

在婚姻中，一定要建立共同的人生志向和生活情趣。在《乱世佳人》中，郝思嘉比媚兰要漂亮得多，而且活泼能干，然而，为什么阿希礼最终还是拒绝了郝思嘉狂热地追求？因为在阿希礼和媚兰之间，有一种共同的东西，就是相似的志向和相同的情趣，他们都喜欢读书、音乐、艺术，他们都喜欢平静、安详、和谐，他们有知识、有文化、有思想、有修养，所以，不管阿希礼如何喜欢娇艳的郝思嘉，他还是只能够忠诚于媚兰，因为共同的志趣，已经成为他们血管里流淌着的相同血液。所以，如果你能够在你和你的爱人之间建立起共同的志趣，那么，他的红颜知己对你根本无法产生威胁。

3. 培养爱人的依赖

在婚姻中，一定要培养他对你的依赖。再好的男人，再老的男人，在自己的爱人面前，也像个孩子一样依赖。这样的依赖不但对婚姻没有坏处，反而更容易让婚姻经久不衰。一旦他对你产生了依赖，那么他将把几乎所有的情感都寄托在你的身上。对于婚姻中的女人来说，最重要的不是被宠爱，而是被需要。一旦这个男人依赖上你，时时刻刻需要你，那么你就成了他最难以割舍的伴侣。这种感情一旦牢固，那么再好的红颜知己也不过就是红颜知己而已。

婚姻中的女人，大多会防范男人的红颜知己，同理，婚姻中的男人，也大多会介意妻子的蓝颜知己。你会不会在丈夫面前激情澎湃地与自己的蓝颜知己煲电话粥？你会不会在日常生活中经常提到蓝颜知己的名字？如果你的答案都是"会"，那么，请注意，你的蓝颜很可能已经危害了你的婚姻，触怒了你的爱人。

对于女人来说，所谓的蓝颜知己，不过是平淡生活的调剂而已。和爱人吵架的时候，可以有人哭诉；不被爱人理解的时候，可以被蓝颜知己所理解；爱人不在身边的时候，还可以有个蓝颜知己聊天解闷。然而，对于男人来说，你的这些"可以"都是不可以的。在男人眼里，女人是"家属"，所谓"家属"，就是家庭的私属物，就连女人的哭诉、苦恼和解闷，都应发生在家庭范围内，而不应该超越家庭的围栏。所以，如果你在婚姻中，毫不掩饰自己对蓝颜知己的好感，就会让你的男人不高兴。

当然，从女人的角度来看，选一个男人做蓝颜知己，只要距离适当，也未尝不可。然而，从男人的角度来看，蓝颜知己不仅不可有，而且不能有，谁知道那个蓝颜知己安的什么心思，谁知道哪天蓝颜知己就会乘虚而入？影视作品和现实生活中不乏这样的例子：丈夫出国学习或因工作原因被派往外地，临行前，托付自己的哥们帮忙照应一下妻子，结果一年半载后，丈夫回来，妻子却已经成了被自己"托孤"的那个哥们的"女友"。自己情同手足的哥们尚且难免乘虚而入，何况妻子早已熟识的蓝颜知己呢？

所以，女人一定要处理好蓝颜知己和爱人之间的关系，避免因为自己的蓝颜知己让丈夫不高兴。那么，如何既拥有蓝颜知己又不让丈夫不高兴呢？

1. 与蓝颜知己保持一定的时空距离

在与蓝颜知己交往的过程中，一定要注意保持一定的时空距离。最好不要和蓝颜知己住得太近，否则接触的机会太多，爱人肯定会心生疑窦；最好也不要和蓝颜知己单独相处太久，爱人如果知道，你和你的蓝颜知己，单独在非公共空间里相处两个小时以上，必然会心生不快，即便是你有诸如工作需要、倾诉需要、兴趣所至等种种理由。

2. 把蓝颜知己变成爱人的好哥们

在近代历史上，最有名的拥有蓝颜知己的女人，就是才女林徽因。林徽因在与梁思成结婚后，一直拥有一位忠实的蓝颜知己，他就是著名哲学家金岳霖。金岳霖因为爱慕林徽因,一直住在林徽因的住处附近,并且和林徽因的丈夫梁思成成了非常要好的朋友。林徽因、梁思成、金岳霖,常常在一起畅谈文学、艺术和哲学。拥有这样的蓝颜知己,也算一种幸运吧!

婚姻压力测试

在婚姻里,除了会有幸福、苦恼,还会有压力。你在婚姻里的抗压能力,既标志着你的情感成熟度,也征兆着婚姻的幸福度。婚姻不可能总是顺风顺水,情感路上谁都难免磕磕碰碰,想知道自己面对家庭压力,会向哪种动物学抗压吗?拿起笔,做做下面的测试就清楚了。

计分提示:将所选选项后的分值相加,总分便是你的最后得分。

(1)你突然收到一封神秘的情书,你会:

A.表面装着很冷静,但内心其实很激动(1分)

B.非常开心地拆开来看(3分)

C.很兴奋很紧张,想找人分享这份快乐(5分)

(2)某晚,你有一个很要紧的约会,但公司临时有事,令你无法脱身,你会:

A. 虽然有点着急，但走不开也没办法，抓紧时间处理手头的事情吧（1分）

B. 打电话给约会对象，请他体谅自己不得已的迟到（3分）

C. 急躁不堪，满脑子都是等候者恼火的样子（5分）

（3）一件你很在意的东西不见了，这时你会：

A. 不动声色地对最近一段时间里，自己做过的和这件东西有关的事情做一番仔细地回顾，然后再找（1分）

B. 把有可能找到的地方都找一遍（3分）

C. 翻箱倒柜，在家里大肆搜索（5分）

（4）你在大型场合的表现与日常的表现有何区别？

A. 差不多（1分）

B. 说不准（3分）

C. 还是平常更放松、更自在些（5分）

（5）如果你的工作由白班改为夜班，那么你的工作效率有什么改变？

A. 没有（1分）

B. 时高时低（3分）

C. 低了些（5分）

（6）你手头的工作已临近最后的截止日期了，你会：

A.变得更有效率了（1分）

B.心中着急，但仍勉强维持正常状况（3分）

C.开始错误百出（5分）

（7）你出差或到外地旅游，住进招待所、旅馆，睡在陌生的床铺上，你会：

A.和在家睡觉感觉没什么差别（1分）

B.有时会失眠（3分）

C.失眠得厉害，连换一个姿势都会引起新的失眠（5分）

（8）参加一个全是陌生人的聚会，你会：

A.立即加入最活跃的一群，热烈地谈话（1分）

B.有时会感到不自在，不过很快就能从这种状态中摆脱出来，与人相叙甚欢（3分）

C.先灌几杯酒，让自己放松一下（5分）

（9）有人劈头盖脸给了你一顿指责，你会：

A.头脑清醒，冷静而适度地予以回击（1分）

B.当时就争辩，但很难击中要害（3分）

C.一下呆住了，觉得很委屈，不知道该如何反击（5分）

（10）你事先给一位朋友打电话，预约登门拜访，他答应届时恭候。可当你如约前往，他却有急事出去了。这时，你会：

A. 充分利用这一空档，认真计划自己下一步要做的事（1分）

B. 有些不满，但既来之则安之，干脆就在他家门口等他一会儿吧（3分）

C. 郁闷不已，转身就走（5分）

测试结果：

得分为10~20分：

你是一个心胸豁达的人，在家庭中无论遇到何种压力、何种打击，甚至遇到常人无法面对的困境，都有办法"百炼钢化为绕指柔"。这主要在于你非常乐观，相信事在人为，没有过不去的坎，所以家庭中的任何压力，你都会"水来土掩""兵来将挡"。面对家庭压力，你会向希腊维库加生活在高达90℃的沸泉里的水老鼠学习，在困境中，自得其乐。

得分为21~30分：

你对抗家庭压力的能力相当不错，对于情感上的一些小挫折、日常生活中的小矛盾，你都能很快适应，但面对重大家庭事件，你就会显得手足无措。这主要是因为你遇到家庭压力时，总会向耍小聪明的狐狸学习，最后很容易聪明反被聪明误，把自己弄得手忙脚乱。

得分为31~50分：

很不幸，你对抗家庭压力的能力太差了，所以你的家庭生活一直过得很不顺利。遇到情感问题，你就会没有头绪，甚至心慌意乱，动不动就向风暴里的鸵鸟学习，把脑袋埋到沙土里。这种方式可不行哦！要想家庭幸福，就要勇敢去面对压力！

第五章 有限责任公司

其实婚姻中的安全感是相互的。与其糊里糊涂互相算计,不如一开始就确立责任,核算明白。

确立婚姻责任制

在现实生活中,很多恋人一旦进入婚姻,就会想着互相帮助。所谓互相帮助,就是要求对方利用关系帮自己找工作,或者希望对方给自己凑钱开公司,再有就是把对方当作最信任的人,要对方来帮自己料理生意或者生活。这样的互相帮助,看起来很有"夫妻档"的感觉,听起来有"同甘苦"的情谊,然而,正是这样的互相帮助,为我们的婚姻埋下了隐患。一旦婚姻出现问题,就难免会有一方觉得对方亏待了自己,不是因为这一方利用自己的资源优势帮助了对方,就是另一方觉得对方薄情寡义,不再继续帮助自己了。其实,这都是因为没有实行婚姻责任制,如果在婚姻的最初,确立好婚姻责任制,那么婚姻就会健康、顺利得多。

确立婚姻责任制,并不是一件容易的事情,需要双方一起努力,既然双方都明白婚姻责任制的必要性,又要协商好彼此的责任,对

"帮助"的范畴达成一致意见。

夫妻亲密无间,自然是情理之中的事情,但是再亲密的恋人,也应该实行婚姻责任制,无论是在金钱上还是在劳动上,无论是在社会资源上还是在人际关系上,都应该有明确的责任区分,都应该制定婚姻责任制,确定好"你的"和"我的"。

订立原则一:算清楚彼此的责任。首先在经济上,如果不是各自花各自的钱,混在一起花,就要有一个明确的共同认定的责任比例,如某一方的支出与他所承担的责任明显不符,最好有一个书面的字据,说明是借款,日后需要归还。

订立原则二:有限度地帮助。即便是一方有明显的优势资源,也要在婚姻最初就订立好责任限度。建议在婚姻中实行有偿帮助原则,也就是说,在责任制定的范围内的帮助,可以无偿,在这个范围之外的,无论是金钱还是社会关系、资源优势,或者不帮,或者折算成对等的参照物来有偿交换。

订立原则三:铁面无私,公平合理。只有这样,才能够确保婚姻健康成长,让那些假借婚姻名义谋求个人私利的人无处可藏。

定期核算你的婚姻损益

损益表,是用以反映一段时期的收入与亏损的报表,用在婚姻里,那就是反映一段时期婚姻增减的动态报表,可以体现夫妻二人在婚姻存续期内,为婚姻所作出的合理的经济决策或情感投入,还可以反映彼此在共同活动中的情感增减和家庭联系中的情感损益,根据这张报表,能够分析情感增减变化的原因,核算婚姻的经营成本,估测婚姻持续的可能性和时间长短等。

那么,如何制作婚姻损益表呢?

在婚姻期间,所有和婚姻有关的时间、金钱、情感投入都记入支出,所有和婚姻相关的关心、礼物、情感收获都记入收入。每季度、每半年都进行一次整体核算,以此来确定婚姻的收支是否平衡,婚姻的进程究竟如何。

婚姻损益表的主要项目包括:经济核算、情感核算和关系核算。

婚姻损益表中的经济核算，并不意味着夫妻双方要在婚姻期间实行 AA 制或者算清楚经济往来项目，而是要通过经济核算，辨明双方对待婚姻的态度，明确婚姻中的责任。

在两个人共同的经济开支中，某一方的支出比例不应超过 70%，如果长期超过 70%，而支出比例始终在 30% 以下的那方如果没有失业等严重的经济危机，那么就应该考虑婚姻的单纯性，不管是你还是对方，如果把利益的获得作为婚姻维系的标准，那么这段婚姻终难走到幸福终点站。

情感核算相对复杂，基本以个人对于情感的满意度作为核算标准，婚姻中，如果对方给予你的关心或者依赖让你心中充满幸福感，那么你即可计入情感的收入项目，而你给予对方的关心和帮助则列为情感支出。

情感核算的指标就是你的心理满意度。注意，情感核算是一个软性指标，婚姻中的双方对于情感核算的评价可能不同，所以，在关注自己的情感核算指标时，也应当适当关注对方的此项指标，双方的指标差异度应该在 30% 以下，才算是适合的情感核算指标。

关系核算比较简单，就是你是否受对方的父母、亲友喜欢，喜欢的程度如何，如果对方的亲朋好友都非常喜欢你，那么在关系核算中，你的分值就会比较高，如果你不被对方的父母或者亲友接纳，那么负值的关系核算就会直接影响你的婚姻幸福度。

每个人都不是生活在真空中的,不排除有人愿意抛弃一切家庭关系来将婚姻进行到底,但是绝大部分婚姻还是要讲究关系平衡的,所以,不要小看婚姻损益表中的关系附表。当关系附表失衡时,不必马上否定婚姻,有句老话,"只要功夫深,铁杵磨成针",如果你相信爱珍惜爱,不妨下工夫磨一磨这张附表中的负值项。

客观评价婚姻关系

夫妻之间,因为彼此的脾气不同,感情的深度不同,虽然在日常生活中,表现可能会因为目的性和隐藏性而掩盖真实的关系,但到了床上,特别是睡着了的时候,那些原本深藏的爱恨就会统统通过睡姿释放出来。同床的时间越长,这种动作语言所传递的信息就越准确无误。那么你和他的关系到底如何呢?究竟是否像阳光下所看见的一样?还是让我们来做做下面的测试吧。

(1)你们多长时间在一张床上睡一次觉?

A.天天都在一起

B.周末或约定的时间在一起

C.有空有心情的时候在一起,没有固定时间

D.两地分居,很长时间才有机会在一起

(2)睡觉的时候你们经常是哪种姿势?

A. 男方正面贴着女性的后背入睡

B. 男女并排着睡或面对面而睡

C. 双方背贴着背入睡

D. 女方由后方紧抱着男方入睡

（3）睡觉的时候你们如何枕枕头？

A. 女方枕着男方的胳膊或者胸脯

B. 男方枕着女方的胳膊或者胸脯

C. 两人共枕一个大枕头

D. 各枕各的枕头

（4）睡觉的时候你们通常穿什么衣服？

A. 双方通常都裸睡

B. 女方穿睡裙不穿内裤，男方赤裸

C. 女方穿睡裙和内裤，男方穿内裤

D. 双方都穿睡衣睡裤

（5）早晨醒来的时候你们的睡眠姿势通常如何？

A. 女性紧贴男性胸口

B. 男性紧抱女性

C. 双方的手臂搭在一起

D. 双方肢体没有接触

选 A 多者：你和伴侣的相爱程度很深，彼此在思想品性、精神取向及性爱上都和谐如一，是一对人人羡慕的好夫妻！不过作为女性的你要注意，不要天天如此"缠"着他睡觉，时间长了，他会因此而感觉你已完全归属他，从而不再如当初那样珍惜爱恋。适当地放开他，偶尔试着各自睡去，谁也不碰谁，他就会更爱你哦。另外，不要天天用人家的胳膊当枕头，谁的胳膊都是肉长的，都需要在睡觉的时候好好放松好好休息一下。

选 B 多者：这个答案可有点不妙，这表明你们虽以甜蜜、浪漫的婚姻开始，如今却经常吵闹不断，有了隐秘的感情裂痕。当然，你们依旧相爱，依旧相互吸引，但是你们可能会因为工作或者其他事情的忙碌而怠慢了对方，同时你们彼此的相互要求都比较高，容易因为对对方的不满而争吵，从而引起彼此间的矛盾。建议你们同步彼此生活的脚步，想想那些甜蜜的往事，多想想对方的好处，学着宽容和欣赏，就会消除裂痕，升级婚姻。

选 C 多者：比较独立，比较有主见，同样，床上的另一个也如是。这样的伴侣是舒婷笔下的橡树，相互独立相互扶持，对婚姻中的问题也能及时理性沟通，开诚布公地寻求解决之道。这是典型的都市伴侣，不过因为双方个性都比较强，相互都有自己的生活方式和生活范围，久而久之难免产生感情上的"不测",所以建议双方建立固定的约会时间,定期交流感情,才能让婚姻常在常新,才能抵御城市里各种不明的外来情感诱惑。

选 D 多者:这是一个双重答案,有两种可能。

一种是女方是个细致体贴、宽容豁达的伴侣,对男方的爱无微不至,全心呵护,同时对男方的依赖度也比较高,在婚姻中处于木棉花依附在橡树上。而男方却是一个不喜欢被温情束缚的人,尽情享受着女方的依恋。建议这样的女性提高自身的独立性,开阔社交范围,不要把所有的时间和感情都投入在男方身上,这样才能更好地保护自己吸引男方。

另一种可能是彼此的婚姻出现了很大的问题,彼此心里都清楚却不愿意挑明真相,所以勉强维持着,各自为政。这种状态是最危险的状态,如果你们还想继续这段婚姻,就一定要找一个合适的时间和地点开诚布公地谈一谈,并且找到切实可行的解决矛盾的办法。当然,如果你们的婚姻只是权宜之计,还是尽早分手,免得双方都耗费青春,耽误时日。

第六章 好好经营你的婚姻

经营婚姻不是一件容易的事情,要多思考、多实践、多创新,把婚姻当成一项事业来经营,才能保持婚姻长盛不衰。

爱情是两个人的事，婚姻是两家人的事

想必每个人最初恋爱的时候都曾这样想过，"我是和他谈恋爱，又不是和他爸妈谈恋爱。只要他对我好就行了。"爱情的确是两个人的事情，此时此地两个人相亲相爱就可以了，可是婚姻却不只是两个人的事情了，婚姻意味着从此以后，你要和他或者她生活在一起，和他或者她生活圈子里所有的人生活在一起。

记得《激情燃烧的岁月》里，石光荣有很多穷亲戚，他们隔三岔五地来找石光荣，并且一来就住在石光荣的家里，惹得石光荣的老伴满心烦恼。现实婚姻的确如此，爱情是两个人的事情，跟彼此的亲戚朋友没有太多关系，可真结了婚，成了对方的家人，就不是两个人的爱情了，而是两家人的生活。

让我们先来看看此时此地的爱情宣言。

此时此地，我们常常会说的第一句话就是"我会爱你一万年"。

诚然，承诺是美丽的，他的爱也是真诚的，可这份爱是不附加任何条件的，就像一个不加催化剂的化学反应一样单纯，可如果添加了催化剂呢？不同的催化剂会有不同的反应结果。这个世界上除了你之外，还有对他更好的女人，那就是他的母亲；也有对她更好的男人，那就是她的父亲。所以，不要简单选择这个单纯的化学反应，要考虑催化剂的因素。就像那个古老的难题，"如果我和你的母亲同时掉进水里，你会先救谁？"也许热恋中的你会希望他说先救你，可如果有一天有一个如你今天一样年轻美貌的女子也这样问你的儿子呢？

此时此地，我们常常会说的第二句话就是"我会不顾一切地爱你"。

其实，所谓的不顾一切，意味着还没有考虑一切，如果出了问题，他还会把全部的爱都奉献给你吗？而且，如果他的至爱亲朋真的出了问题，比如他们不喜欢你，再比如他们要求你的他和他们一起远赴他乡，你希望他留在你身边还是希望他"尽孝要趁早"？那如果遇到问题的是你呢？

此时此地，我们常常会听到这样一句话："我父母说了，只要我喜欢他们就同意。"

那么，说了就代表他们能够真正接纳你吗？究竟他的家庭环境如何？他的父母有什么特别的生活习惯，比如民族差异或者南北差异，这些都可能成为以后隐藏的矛盾，所以，要趁早发现问题，调和问题，如果等到生米做成熟饭才发现矛盾，那么你就不可能全身而退了。

此时此地，还会有这样的爱情宣言："我们两个人生活在一起，不和老人们一起住。"

实际上，两个人生活在一起并不意味着不和老人们交往，不意味着不和彼此的朋友亲戚交往，所以矛盾并不会因为不生活在一起而免除，只是可能隐藏得更深一点罢了。即便是你和他生活在和老人们完全不相干的另一个城市，你和他还是必须承担起赡养老人的义务，或者，还有这样那样的人需要你们共同来关心和照顾，这些在此时此地最好都能够搞清楚，做好充足的心理准备。

此时此地的最后一条常见的爱情宣言就是"我会照顾你一辈子"。

没错，他现在身体倍棒，吃嘛嘛香，并不意味着他以后永远健康，家族病、遗传病都可能在中年以后出现，此时此刻你可能觉得"我爱他，无论疾病和灾难，我都会一生一世与他相伴"。然而，真到了那个时候你就不一定能够这么浪漫地想了，毕竟现实残酷，当你在操劳中日渐疲惫的时候，可不要后悔最初的选择呀！

所以，在"此时此地"的爱情里，一定要遵守以下三个规则：

（1）此时此地要严格要求，认真考虑，睁大眼睛，不放过任何一个可疑因素。都说物以类聚，如果他的亲朋好友都非善类，那么你就该好好想想他是否值得你托付终身。

（2）此时此地对他的亲友要和善友好，不要漠然冷淡，这样才有利于获得他们的信任，为你们的以后打好基础。

（3）文化和生活差异过大时，各种人际矛盾就会出现，不要轻视这些人际矛盾，他们有可能最终成为你们分手的导火索。

那么，如果进入了"从此以后"，你就要恪守以下三个原则：

（1）如果你和他的家人或者朋友们无法和平相处，不妨避其锋芒，暂时回避，比如回娘家或者独自外出旅游，以示无声的抗议。同时在你外出过程中，你和你无法和平相处的人都有时间认真思考，独自反省。

（2）有些矛盾如果一时难以解决，就不要硬碰硬，时间会化解一切矛盾，只是在这个过程中，你要多付出一些宽容，一些忍耐，把这些看作爱情的一部分去安然接受吧，宽以待人。

（3）其实人和人之间的隔膜并不像你想象的那样难以打破，换个角度替对方想想，也许你会平和许多。同时，你也可以婉转地把你对对方的意见表达出来，适时适当与对方沟通，如果你的沟通无效，还可以动员你的爱人去帮助你沟通。

婚姻的筹码

很多女人期望有这样的课程出现：爱情经济学、投资婚姻不蚀本、婚姻成本计算、嫁哪个男人前途最光明等，货真价实、童叟无欺地把感情过过秤，科学冷静地作出判断，最好还能生成表格，一目了然——这样才不会让自己成为爱情和婚姻的牺牲品。

婚姻也是一种投资，也需要核算比较，为什么有的人能赚到一生幸福，而有的人却付出一生倾其所有却收获痛苦？在婚姻里，也有成本与收益的问题。

你所花掉多少成本，包括感情、时间、物质，最后能有多少收益，这些收益涵盖方方面面，被对方肯定和接纳、获得快乐感，得到外界的赞许，拥有朋友、家人的支持，这些都算收益。在这个人人崇尚自由独立的年代，很多女人吝惜付出，怕赔了夫人又折兵，搭了本钱空耗了岁月，却又渴望美好的婚姻从天而降。于是婚姻经济学就成了女人们的热衷，都希望通过它来找到通向幸福的达·芬奇密码。

在婚姻里做算术题其实是很难的，因为爱情本来就不是一笔可以算清楚的账单。所以在婚前，我们一定要好好盘点自己的婚姻筹码，至少它可以让我们在通往婚姻的路上做一个聪明的人，为自己赢得最大化的幸福。

1. 时间

对于男人来说，时间是个好东西，可以让有能力的男人像老酒一样愈久愈香醇。可对于女人来说，时间就像面包的保质期一样，珍贵得不得了。所以，从某种角度来讲，时间是女人的天敌。而从时间经济学的角度讲，人的时间消费体现为注意力的支出，人的注意力消耗伴随时间的消耗。诺贝尔奖获得者贝克尔所创立的时间经济学，就是研究如何达到时间经济、杜绝浪费的一门学科。对于婚姻中的女人来说，时间经济学是爱情经济学中的首选课程，因为女人们的注意力永远纠结在"爱情"这两个字上。

那么，如何让时间在婚姻里实现消费效用最大化？也就是如何利用时间的筹码去获取婚姻的胜利？这就要靠我们自己来把握了。

根据时间经济学理论，要充分利用时间创造经济价值，就要从静态的"经济人"变成动态"经济人"。这对于婚姻经济学一样有效，如果你总是在固定的时间打电话给他，和他约会，那么你的筹码看起来很重，其实却起不到多大作用，因为他已经知道了你每次下注的大小，因此也就大致知道了你手里有多少牌，想怎样出，这场游戏对他来说就已经没有太大挑战性和诱惑力了，即便是你的赌注再大，他也难免会感到索然无趣。所以，一定要变成动态"爱情经济人"，也就是说，要改变固定的赌注习惯，不按招数出牌，这样的话，你才有可能吸引他的注意力支出，也才可能出奇制胜，不至于将很多年的时间变成无效筹码。

生活中输掉时间筹码的女人很多，结婚多年后，男人过了三十岁，金钱、地位什么的都有了，不再需要一个很有能力而年过三十的女人来帮衬了，就连最基础的爱也输掉了，这样长久的付出，看似下了很重的赌注，却因为不懂时间经济学而输掉了婚姻这场赌注。

同时，努力提升自己，将自己变得更有魅力。外表会随着时间流逝而衰老，内在却能因为学识的增长而愈加醇厚。

2. 物质

自古至今，纵横中外，无数大人物都曾经洋溢着一脸幸福，无比陶醉地告诉我们，"爱情是纯真且纯粹的，掺不得半点杂质""真爱，什么都不必计较""崇高的爱情里，没有'物质'这两个字"。所以，物质一直是婚姻里最俗的那张牌，很多人都愿意为爱情贡献或者放弃物质利益，那么对于婚姻这场赌注来说，物质利益是否必要，占多大比重，是很多人无法权衡的问题。

我国古语有云："婚嫁之事，唯论门户。"从先秦时代诸子百家开始，"门当户对"就已经成了约定俗成的社会规则。无论是《诗经》里的寓言故事还是秦朝的刻石，规定婚姻要"贵贱分明，男女礼顺"；无论是唐代"民间修婚姻不记官品，而上阀阅"的门第观念，还是元明清时"诸良家女愿与人奴为婚者，即为奴婢"的通制，无一不说明着"门当户对"的婚嫁经济学。所以，物质对于婚姻经济学来说，是一个不可忽略的重大课题。

爱情的终极目标就是婚姻，而作为社会最小组成部分的家庭婚姻是构筑在经济基础之上的上层建筑，注定无法逃脱物质筹码的约束。芝加哥大学经济学家加里曾提出"新家庭经济学"，他认为人们结婚的目的在于想从婚姻中得到最大化的收入，如果婚姻收入超过了单身的收入，那么人们就会选择结婚，否则就宁愿独身。所以，爱情的输赢其实和"物质"筹码的大小关系密切，每个人都有趋乐避苦的本性，即便是崇高到为了爱情放弃物质利益，而放弃的物质利益一样也是获取爱情的筹码，付出筹码的人要换得的就是爱情的幸福。

可是如果她原本就不具备物质利益的筹码呢？通俗地说，也就是公主爱上平民，看起来很高尚，因为公主为了爱情付出了物质利益的筹码，那么你能够说农家女爱上砍柴郎就不高尚吗？可是实际的结果呢？公主通常会在日复一日的婚姻里变成一个贫贱夫妻百事哀的"爱情悲情主义者"，而农家女和砍柴郎却很容易把小日子过得红红火火。这是因为，在这场爱情的赌注中，双方的赌注差距太大，四两拨千斤的爱情力量很难维持长久的平衡。所以，十之八九，公主得输掉这场爱情，不是那个她为之抛弃筹码的人不爱她了，而是因为在她的心里，早就已经输了这场幸福的赌注。

3.关系

关系经济学是这几年非常流行的一个经济学分支，在人际关系被日渐看重的今天，六度分割理论的流行使得婚姻经济学也一样不可免俗地走进了关系经济学阶段。根据"你和任何一个陌生人之间所间隔的人不会超过六个，也就是说，最多通过六个人你就能够认识任何一个陌生人"的六度分割理论，如果你认识了六个人，也就认识了很多人。而在婚姻里，有一个筹码众所周知，那就是为了婚姻付出关系的筹码，于是，很多人利用对方或其家庭的关系谋求更好的工作或者更多的利益关系，这种赌注也就成了婚姻里流行的筹码。

现实生活中，很多精通关系经济学的女人，靠着婚姻博上位，这在影视圈里和各个大型公司里都很常见。这个筹码太复杂，赢了的人，获得是感情和关系，而输了的人，赔掉的感情是否还能够收回？而且关系筹码几乎是最危险的筹码，弄不好，就容易染指"潜规则"甚至

"艳照门",那就不是婚姻的输赢问题了,而是连基本的名誉甚至人格都输掉了,所以,这个筹码也不是那么好得的。凭着真爱去换取再高的权威,再值得仰慕的关系,恐怕也不如婚姻的幸福让女人滋润让女人温暖。

4.品行

一些女人在恋爱的时候,强调爱情里的那个人对自己怎样好,有物质基础,却忘了婚姻里最重要的一个筹码——品行,一个品行不端的男人,再怎么好,都是虚伪的。还有一些女人,在爱情里单纯地满足着自己遇到了一个"好"男人,善良正直,认为只要人好,就万事大吉。其实,对于男人的品行,在结婚前最多只能够看清楚一半,很少有男人会在婚前把完全真实的自己端给你,而且你也没有充分的机会去认清他的品行。所以,品行这个筹码是你怎么也难以捉摸清楚的,很大程度上要靠运气。

有一个最现实的例子:第一位通过自考取得复旦大学博士学位的中国农民李德辉,从农村篾匠到博士毕业生,再到湖南科技大学教授、中国古代文学研究生导师,数十年来支撑他的,正是相濡以沫的妻子周林跃。这个叫作周林跃的女人,甚至为陪丈夫读研,在学校附近当了几年保姆,她把儿子寄养到亲戚家里,把所有的收入都用来支持丈夫读书。这样的女人,如今已经很难找到了,我们没有勇气用自己所有的力量去赌一个男人的品行，可是周林跃却赌赢了。当李德辉被湖南科技大学接收为教授的时候，这个男人唯一的要求就是"给我的妻子安排一份工作"。

5. 能力

对于男人来说，可以没有家庭背景没有俊美容貌，却不能没有能力，能力永远是好男人的标签之一。所以很多女人迷恋有能力的男人，期盼他们能够给自己带来安定平和的生活，能够扛起自己头顶的那片天空，不过这个筹码却是两面的，有能力的男人是否事业家庭兼顾，又是否能够给你带来朝朝暮暮、举案齐眉的幸福？

身边这样的例子很多，除非你也一样地忙碌，否则，你就会成为那个独守空房的怨妇。那些涉世未深的女孩可能会认为嫁给有能力的男人，一辈子就有享不完的福，有花不完的钱，其实这些想法是片面的，"每一个成功的男人背后一定有一个坚强的女人"，有能力的男人可能会很忙无法陪你，可能身边会有很多的爱慕者很多的诱惑，要想这样的男人一辈子守着你，你本身的能力也要匹配才行；否则两个人的差距越大，婚姻的变数越多。

别给新生家庭打上原生家庭的印记

所谓原生家庭,是指自己或爱人出生、成长的家庭;所谓新生家庭,指婚后与爱人共同建立的家庭。当绚丽的婚纱、浓香的美酒、娇艳的玫瑰,带你跨入幸福的新生家庭之后,你会发现:在这个小家庭里,你无法像从前一样无拘无束!而你曾经如痴如醉的爱情,也有些变了味道!为什么?因为新生家庭总会受到原生家庭的影响。那么,从原生家庭跨入新生家庭后,如何调试两个家庭之间的差异?如何让两个家庭相亲相爱?如何去理解他的"重要他人"呢?

1.你永远都是晚辈

对于已婚女性来说,及早认识到原生家庭和新生家庭的区别非常重要。千万别妄图"教育"公婆。如果实在忍受不了,就委婉地告诉老公,让他去给公婆提意见。毕竟,"原生"儿子说的话,总比"新生"媳妇强!

2.让新生家庭自由成长

别把自己在原生家庭里的一些习惯强加给新生家庭。无论如何，原生家庭总是比较容易接受自己家的孩子。不要为此去埋怨对方，你要多做努力，尽量处理好和原生家庭的关系。不妨和自己的父母做一个约定，那就是让我们自己安排生活，不用太担心我们。每个家庭都会有自己的问题，更何况你们是刚刚才组建的新生家庭，如果双方的"重要他人"，比如双方的父母，天天掺和到新生家庭的家务事里来，那就难免会有更多的矛盾，而且这些矛盾，比两个人之间的矛盾难解决得多。

3.要学习人际互惠原则

对于婚姻里的男女，"各自负责各自原生家庭"的问题，听起来简单省事，其实很不利于新生家庭与原生家庭的融合。有心理专家指出：人与人之间有一种互惠原则，当他人给予自己好处之后，自己心中就会有负债感，从而返还给他人。这样，两者关系才能更融洽。因此，一定要打破这条令人生分的"规矩"！在对方的父母面前多表现自己的好，不仅原生家庭容易接受你，你的爱人也会因此更开心！

倾听家庭的声音

1924年,美国国家研究委员会对霍桑工厂进行了一系列的试验研究。专家们分别找工人们进行推心置腹的谈话,耐心倾听他们对待遇、环境等方面的意见和不满,并将他们的言论记录在案。结果发现,经过"谈话试验"后,霍桑工厂的工人们不再抱怨,而是更加卖力地工作。分析发现:正是因为之前的"谈话试验"让员工将自己心中的不满发泄了出来。这就是心理学家所说的"霍桑效应",也叫"宣泄效应"。

据社会心理学家调查发现:目前社会上45%的人都需要宣泄情绪。一些婚恋专家甚至指出:不幸的婚姻是天天吵架,而幸福的婚姻需要隔一天吵一架。以此来缓解婚姻里的压力,两个人才能越来越幸福。

美国《读者文摘》中记载了这样一个故事:一天深夜,一位医生突然接到一个陌生妇女打来的电话，对方的第一句话就是："我恨透他了！""他是谁？"医生问。"他是我的丈夫！"医生感到突然，于是礼貌地告诉她："你打错电话了。"但是，这位妇女好像没听见似的，继续说个不停："我一天到晚照顾四个小孩，他还以为我在家里享福。有时候我想出去散散心，他却不肯，而他自己天天晚上出去，说是有应酬，谁会相信。"

尽管这位医生一再打断她的话，告诉她，他并不认识她，但是她还是坚持把自己的话说完。最后，她对这位素不相识的医生说："您当然不认识我，可是这些话我已经憋了很久，现在我说出来了，我舒服多了，谢谢您，对不起，打搅您了。"

在中国的传统文化里，会忍耐、懂礼数的人才能称为典范，而婚姻则是要两个人相敬如宾、举案齐眉。而如今这种观点已经逐渐被人们推翻，面对压力时，不仅要学会如何宣泄，还要学会适当吵架。

斯坦顿曾在回忆的时候讲过这么一个故事：之前，有一位少将用侮辱的话指责他偏袒一些人，这让他恼火。当他向总统林肯寻求解决方法时，林肯建议他写封信反驳对方。斯坦顿听了，立马写了一封措辞很强硬的信，当要寄出时，却被林肯拦了下来，在他不解之时，林肯却要求他再写同样的一封信，他这才发现，不知不觉中，自己的怒火已消，后来写信变成了他宣泄情绪的方法之一。

人们常说"冲动是魔鬼",当一个人冲动的时候,所有的理智都会消失,从而做出自己并不乐见的事情。调查发现:失败的婚姻多半都是先从不良情绪引起的。当一个男人心情好的时候,即使自己的妻子素面朝天,他也会觉得妻子美不胜收;但是当两个人发生矛盾,即使男人面对的是盛装后的妻子也懒得多看一眼。因此,良好的情绪是美满婚姻的关键。

由此可见,人的情绪更像是一个水管,当面对压力时,就像是被外来物堵住了水流,而这时候就需要疏导,只有想办法将这些杂质排出去,才能够正常地运作。如今,受外界和婚姻的压力影响,人们的情绪也会被干扰。如果一味压抑自己的情绪,不良情绪得不到宣泄,就会导致人的精神忧郁、苦闷等心理疾病,严重者甚至会精神失常。而这时候宣泄掉不良情绪就至关重要。

目前,已经有很多心理诊所开设了心理宣泄室,每一位前来看病的人都要先到心理宣泄室去待上两个小时,结果发现,有很多人从心理宣泄室走出来的时候情绪得到了很大的缓解,这也在无形中增强了他们心理的治疗效果。

对于绝大多数夫妻来说,一辈子不吵架是不可能的事情,就像人不可能一辈子都事事顺心。但同样是吵架,有的家庭越吵越幸福,有的家庭却只能以悲剧收场。可见,夫妻吵架也是一门学问,只有掌握到其中的精髓才能拥有美满的婚姻。

  夫妻双方相互指责，对对方的做法稍有意见就愤然离去是极其消极的做法。婚姻里最忌讳是"对人不对事"，当你看一个人不舒服时，那他做任何事都是错的，想要维持两个人的美满婚姻，就要远离自己的偏见。

  据调查发现，女人比男人更容易失去理智，所以在吵架时，更容易跟着感觉走，有时候稍不注意就会说出伤人的话，从而让两个人的感情出现隔阂。

  婚姻里两个人的吵架其实更像是一场商业谈判，其目的是解决问题，而不是伤害对方，所以切记不要一直喋喋不休地批判，而是要给对方以辩驳的机会，只有这样两个人的感情才能够蒸蒸日上、相扶到老。

你是婚姻里最独特的那个人吗

有人说,女人和男人的关系,就是谜与猜谜者的关系。女人只有把自己活成一个谜,才会吸引男人前来猜谜。一个谜一样的女人,将会赢得更多男人的青睐。

林徽因 16 岁留学欧洲,集美貌与才华于一身,被同时代众多才子所追随。最著名的是浪漫诗人徐志摩为其倾倒,为她离婚,为她写下很多情诗。林徽因与徐志摩相交甚深,最后却选择了更为合拍的梁思成,徐志摩为此而黯然神伤。著名哲学家、逻辑学家金岳霖也倾慕林徽因,甚至与林徽因夫妇做了邻居,默默守护其一生,在林徽因去世后写下了"一身诗意千寻瀑,万古人间四月天"的挽联。

林徽因是那个时代特立独行的奇女子,她活得清醒、坦荡,拥有惊人的勇气与力量;她就是那么与众不同,吸引着无数人的目光。

法国思想家、文学家罗曼·罗兰曾说过:"有才华的女人可以吸引男人，善良的女人可以鼓励男人，美丽的女人可以迷惑男人，有心计的女人可以累死男人。"

不管你是才华横溢还是善良可爱，总之你一定要有和别人不一样的地方，才能够真正拥有自己独特的魅力，才能够真正赢得完美恋人的青睐。

有一个朋友在爱情的十字路口困惑不前，左边有一个乖巧可爱、温顺贤淑的女孩喜欢他；右边有一个野蛮霸道、知性强势的女人他喜欢。于是，朋友左右为难，不知到底选择谁更好。很多朋友都劝他选择温顺的女孩，毕竟过日子还是顺从乖巧的比较好。可最后，这个朋友还是选择了那个强势霸道的女人。

亲朋不解，问及原因，他坦率地说："不是那个女孩不好，是我真的不喜欢太乖巧的女孩，她就像个提线木偶，我说什么她就听什么，从来没有自己的意见和个性。这样的女孩，的确让人放心和安心，可是没有激情没有挑战，爱情还有什么滋味？"那么另一个呢？朋友提起另一个"野蛮女友"，竟然激情澎湃："她很好啊，她越是强势，越让我觉得和她恋爱有意思。一个这样的女人，有自己独立的见解，有自己独立的空间，有自己独立的事业，她带给我的，是生活的压力和爱情的挑战，是征服的欲望和爱情的激情。"男人就是这样一种动物，你越是"不一样"，他越会为你心动。

古巴领导人卡斯特罗有句名言：女人永远不要让男人知道你爱他，他会因此而自大。

然而在现实生活中，很多女人都不能免俗地把爱陈列在男人面前，就连一代才女张爱玲，都最终和别人一样，宁愿为爱把自己低到尘埃里。

其实，爱情是平等的，没有谁低谁一等。倘若你先把自己放低，他又怎么能再把你捧在手心里呢？

所以，在中国传统教育里，对女人要求贤淑、贤惠、贤良，但这些也要有个"度"。

这个世界上没有谁配不上谁，只是因为你从心底里忽略了自己，降低了自己，不再把自己当成唯一的珍宝，不再"不一样"地站立在爱情的高地上，所以他才把你抛在了身后。

所以，做女人，一定要"不一样"。这不是说女人要骄傲，"泯然于众人矣"，而是说女人要聪明一点，多一点傲骨，少一些傲气。

顺从自己的内心，做一个不一样的女人吧，别为了世俗的标准改变自己。因为你最珍贵！

"镇宅"的女人

这个时代流行"宅女",其实,男人想要的并不是那个天天守在家里的"宅女",而是一个"镇宅的女人"。不论他饿了、累了、困了、乏了,还是遭遇了不幸、过错、幸福、成功,都可以安心地回到你身边,因为你是他最温馨、最踏实的归宿,是他心中永恒的家。所以,如何修炼成一个镇宅的女人,是做一个好女人的必修课。

1.胸怀宽广,拥有大格局

女人是一个家庭的风水,好女人至少旺三代!女人的格局中,藏着一家人的好运气。一个心胸宽广,大格局的女人,能海纳百川,心容万物,具有大地母亲般的宽厚品质。不会乱发脾气,也不失威严,善良温婉,有耐心和毅力。这样的好女人,让男人既喜爱又敬重。

2.热爱生活,让男人安心、放心、省心

热爱生活的女人,永远具有朝气,不论生活顺逆,不论贫贱还是富贵,都能安守本心,尽自己最大努力将家打理得温馨。当男人沮丧的时候,她是温柔的避风港;当男人无理取闹的时候,她是灭火剂;当男人陷入低谷的时候,她能陪伴共渡难关。

3.拥有自己的个性、品位、爱好,独立自强

爱情不是生命的全部,要想让爱情常新,就要做个千面女郎,不断提升自己,要做一本让男人阅读千遍也不厌倦的书!千万别在婚姻中委曲求全,放弃自我。只有不断让自己变得更有魅力,才能让家庭更有活力,让爱情保鲜。正如舒婷在《致橡树》中写道:"我必须是你近旁的一株木棉,作为树的形象和你站在一起。根,紧握在地下;叶,相触在云里。……我们分担寒潮、风雷、霹雳;我们共享雾霭、流岚、虹霓。仿佛永远分离,却又终身相依。"

孕期可能出现的婚姻矛盾

婚姻里最幸福的事情,莫过于怀孕,大家本该都高高兴兴,但在迎接新生命到来的过程中,夫妻间却会因为一些生理和心理的变化,发生或微妙或明显的矛盾,严重的还会搅得婚姻不得安宁,分崩离析。所以,在怀孕的过程中,准妈妈们应该多注意准爸爸的动向,及时调解矛盾,拴住他的心,千万别让"怀孕"搅乱了爱情和婚姻。

现在很多年轻夫妻以及他们的父母都有这样的观点:如果两个人的感情出了问题,那么就赶紧生个孩子,有了孩子,两个人就不再闹腾了。事实上,这个观点是错误的,如果"准爸准妈"的婚姻正亮红灯,那么孕期的忙碌和不适则会让夫妻矛盾更加严重,甚至激化。

准妈妈因为孕期激素的影响,常常会"喜怒无常",一系列的孕期反应,比如呕吐、倦怠、失眠等生理反应,会引起准妈妈的情绪变化,再加上中国传统习惯中对准妈妈的"娇宠",准妈妈们就会不自知地放纵自己的情绪,变得"喜怒无常"。准爸爸们因此就成了受气包,家庭和谐因此而受到影响。

而"非专业"的准爸爸,很少能够自如应对准妈妈的"喜怒无常"。第一次做爸爸,真不知道如何照顾胃口刁钻的老婆,如何扎上围裙做出老婆爱吃的饭菜,如何收拾乱糟糟的家。"非专业"的准爸爸如果再缺乏点责任心,那么就会逃离怀孕的老婆,成为没有责任心的"坏老公"。

倘若家庭生活条件再差点,准妈妈吃不好睡不好,准爸爸工作过于劳累,那么双方难免无法掌控各自的情绪波动,相互间的争执就难以避免。

那么怀孕的妻子,应该如何应对孕期矛盾呢?

1.准妈妈要学习孕育知识,预防抑郁

以前大家只知道有产后抑郁,实际从妊娠开始到生产后都可能发生抑郁,我们称之为"围生期抑郁"。我国"围生期抑郁"发病率约为14.7%,这意味着大概七个妈妈中就会有一个患病。

患上"围生期抑郁"会产生情绪低落,兴趣和愉快感丧失,劳累感增加以及精力降低,产生睡眠障碍,食欲下降等多种症状。

所以，正确认识孕期身心的变化，学会主动调节心情，伴侣也要一起学习相关知识，愉快的家庭氛围能减少抑郁的发生。

2.要和准爸爸一起体验孕育的艰难和快乐，共创夫妻和谐

因为妻子怀孕，在妻子被严重呵护的同时，丈夫的需求被严重忽视，丈夫也是可能抑郁的，所以夫妻要互相体谅。

一个朋友当初意外怀孕，但她老公想等两年再要孩子。她坚持留下孩子，两个人还为此吵过架，直到怀孕5个月时，她老公还曾怂恿她去堕胎。这个朋友后来回忆说，还好自己坚持过来了，一直为她老公描绘有了孩子的各种好处，经常给他推送孩子的各种文章，打消老公的顾虑。现在孩子已经10岁，一家人过得也很幸福。

在我看来，这位朋友就是很有智慧的女人，她的细心和恒心让老公转变了意识，懂得了育儿的快乐，所以才能同心协力，共度孕期，夫妻和谐，喜迎新生命的到来。

3.提醒准妈妈注意自我调理

虽然孩子是夫妻共同孕育，但怀孕生产只有妻子一人承担，女子本弱，为母则刚。选择当妈妈的女人，首先在心理上要做好准备，怀孕生产是人生的一种经历，不是生活的全部，不要过分紧张，放轻松就好。多看一些令人愉快的书籍和喜剧电影，和准爸爸一起为宝宝起名、添置衣服、规划未来，增进夫妻感情。

孩子是爱情的结晶

现在有一个词语叫作"孩奴"。所谓"孩奴",就是指那些结婚生子后,为了孩子而改变生活重心,一切为孩子打拼、一切为孩子忙碌、一切为孩子省钱的年轻父母。对于"60后"与"70后"来说,做父母似乎天经地义理所应当,为孩子付出也是人生最重要的责任,"孩奴"并不会引起他们的恐慌,相反,他们任劳任怨。"80后""90后"的小夫妻们,他们与前辈们不同,他们不想成为"孩奴",不想失去自我。做了"孩奴",不能再出去疯玩,不敢再大手大脚,不方便再几天几夜加班不回家,甚至不可以轻易换工作。"孩奴"开始引起他们强烈的恐慌。

初级孩奴,每天与尿不湿、奶粉打交道,为小儿夜啼、半夜喂奶等生活琐事操心。花销也不少,孕期花费、孩子开销占据了生活费的大部分。在孕检、孕期保健、心理调适、营养搭配等方面不停忙碌。

中级孩奴，整天为孩子尿裤子、半夜醒来就不睡的事而手忙脚乱。早上醒来还没睁开眼睛就开始思考孩子是不是该吃奶、该喝水了。有的时候，看见孩子都觉得头疼，很多中级孩奴都有轻微"孩奴"恐惧症。

高级孩奴，无时无刻不围着孩子转，担心这担心那，一会儿看不见孩子就不放心，保姆拐走孩子的新闻，孩子掉进水缸的传说，都会令孩奴提心吊胆。与此同时，开始丧失了原有的兴趣爱好，发现生活落空了一大截，没有了曾经的轻松自由而感到悲哀，开始时常幻想回到没有孩子的生活，高级孩奴不少都有严重的"孩奴"恐惧症。

其实，天下的父母都是一样的，不要以为你们遇到的有关孩子的问题别的父母都没有，所有的问题都是正常的，坦然面对吧。孩子的降生是件天大的喜事，全家人都应该做好经济和心理准备。双方父母都应该大力支持，毕竟小夫妻们在经济收入、持家理财和照顾幼儿方面，都比较欠缺经验。

同时，新爸爸和新妈妈应该多参加一些有益身心健康的聚会和活动，多向同龄的年轻父母取经，学习减轻生活压力的方法，不断增强对"孩奴"恐惧的抵御能力。

总之，做孩奴不可怕，只要勇敢面对，等待你的是一个健康快乐的宝贝，是你们爱情的结晶，是你们生命的延续。

聪明的妈妈"睁只眼闭只眼"

很多人都说,教育孩子要认真,这"认真"二字没错,但真正面对孩子,好妈妈也要"睁只眼闭只眼"。

到底什么要睁只眼呢?

对于孩子的衣食住行,吃穿用度,要认真,孩子很娇嫩,吃不好就长不好,穿不暖就会生病。很多日常生活,要靠妈妈去照顾,爸爸常常做不到那么细致,也做不到那么精心。

那么对于孩子的一切看似"毛病"的生活细节,好妈妈就要闭只眼了。

比如该睡觉的时候,孩子不肯去睡觉,还要玩耍,那么好妈妈就不要要求孩子必须去睡觉。孩子不是机器,如果玩在兴头上,你强迫他去睡觉,不管是两岁的幼儿,还是八岁的孩子,他都是睡不着的,这个时候,就要闭只眼,容忍孩子一会儿。如果孩子玩劲始终旺盛,那么好妈妈就要想办法让孩子转移注意力，分散他的兴趣，逐渐减弱他的玩劲，而不是生硬地夺走他的玩具，强迫他去睡觉。

再比如，孩子刚开始学说话的时候，很多字会发不清楚，这个时候，很多妈妈喜欢一遍又一遍地纠正孩子的发音，一遍又一遍地要求孩子重复同一个词。其实，这个时候妈妈不必太较真，闭只眼就好了。毕竟孩子的发音系统还没有完全发育，孩子也没有能力说太多的词汇，说不准确也是正常的，这个时候应该注意的，并不是纠正孩子每一个字的发音，而是培养孩子说话的兴趣。如果妈妈一味睁大眼睛，强调认真，一遍遍要求孩子说同一个词，孩子往往会对说话产生抵触情绪，这样对孩子学说话有害无益。

其实，孩子再小，也有自己的思想和自己的感觉，好妈妈对于孩子的思想变化，一定要关注，但是这种关注，不是要指导、纠正，如果能引导就引导，如果不能引导，就闭只眼任由孩子自由地成长。因为只有在自由成长的过程中，孩子的天性、禀赋，才能充分地发挥出来，也才不会因为家长盲目地指导而出现"揠苗助长"的现象。

当然，在一些原则性问题上，好妈妈必须睁开眼，不能闭只眼。

比如孩子撒谎，如果这个谎不过是想象力过于充分的表现，无伤大雅，妈妈可以闭只眼，比如孩子说天上有个月饼，而不是月亮，那就算不得撒谎。然而孩子如果在故意欺骗妈妈，那么好妈妈就要不吼不叫，认真严肃地告诉孩子：妈妈不喜欢也不允许你撒谎。这时态度一定要明确，因为很多时候，孩子最初的撒谎不过是在试探，如果妈妈被欺骗，他的目的得逞；或者妈妈不揭穿，甚至逗乐地说孩子有心眼，那么孩子就会逐渐养成撒谎的习惯。

教育孩子是项复杂而系统的家庭工程，对于好妈妈来说，这项工程要认真做，不能睁只眼闭只眼，但是对孩子的一些表现，要学会适当地睁只眼闭只眼，既给孩子充分的自由生长的空间，又给孩子正面明确的引导。这样的妈妈，才算得上好妈妈。

共同制订家庭专属理财计划

俗话说,家和万事兴,夫妻住在同一个屋檐下,睡在同一张床上,只有恩爱和睦,才能共造爱巢。然而,世界上没有完全相同的两片叶子,夫妻之间,也会有价值观与消费观的差异,也存在理财观念和理财方法的分歧。无论有多大差异,有什么分歧,只要夫妻恩爱同心,共学理财之道,定能"钱"途无量,家庭幸福无忧。

夫妻理财三时段,有效投资控风险。

这三个时段,家庭财务状况不同,风险承受能力也不同,因此,理财的方式方法也有所不同。

在青年时期,夫妻二人的年纪较轻,承担风险的能力较强,这个时段,投资理财偏向实用,风险投资比重较大。年轻夫妻理财,可将50%的结余资金用于风险投资,比如投资到股票或股票基金中去,以期获取较高的投资收益。此外,还可每月进行定期存款或基金定投,为即将面临的子女教育做好储蓄准备。

在中年时期，随着孩子的成长，家庭支出将不断上升，这个时段，家庭理财以稳健为主，相较青年时期，要逐步减少风险投资，逐步增加保险投资，并且要尽早启动退休养老计划，启动子女教育金的筹备计划。

到老年时期，夫妻收入逐渐减少，风险承担能力逐渐减弱，这个时期，理财的重点是财产的保值，生活的重点是健康的维护，所以，这个时期，保值投资、控制风险，是理财的基本标准。

夫妻理财五步走，婚姻幸福爱长久。

由于教育背景和家庭环境各不相同，夫妻二人在价值观和消费观上，常常存在一定差异，在理财投资上，也会出现分歧，这些差异和分歧，是很正常的。要想共创美好生活，恩爱白头到老，就要认真交流、及时沟通，共同学习理财知识，共同探讨理财策略。夫妻理财，有法可依。

1.建立家庭基金

只要建立家庭，就会有日常支出。为了培养理财意识，为了共担家庭责任，夫妻双方应申办一个公共的存款账号，夫妻双方每月都应将个人收入的一定比例存入这个公共的存款账号，用以支付房租、水电、煤气、保险、食品、杂货等日常开销。家庭基金的存入比例，最好按 AB 制核算，多赚者多存，少赚者少存。在日常生活中，夫妻两人对这个共同账户的维护力度，也可反映出婚姻关系的稳定性。

2.共同监控支出

在两个人组建家庭后，常常会有一人成为家中的财务主管，或许是因为这个人有更多的空闲时间，或许是因为这个人有更大的意愿承担。但这并不意味着，另一个人对家庭的财务状况一无所知。夫妻理财，要共同监督，共担风险。在家庭生活中，不管谁是财务主管，都需要两个人共同监控家庭支出，比如，可由一人管理财务，另一人核对账目。这样，夫妻二人共同监控，家庭财务公开明晰，经济地位平等互利，夫妻感情恩爱长久。

3.保持相对独立

现如今的夫妻，大多崇尚自由独立，夫妻应建立各自的私人账户，由个人独立支配。这样一来，夫妻各方都可以拥有一定的财务自由，都可以去做自己想做的事情。老公可以每个周末去打高尔夫球，媳妇可以每个周末去瑜伽馆放松。每个人在花自己的钱时，都不会有仰人鼻息或受人牵制的感觉。当然，夫妻双方一定要如实告知对方自己的财务状况，相互开诚布公，并将配偶指定为自己个人账户的共同所有人，这样，如果配偶一方突然生病或发生意外，另一方就能合法使用这些账户上的财产。

4.投资人寿保险

投资保险，不仅可以确保意外发生时，可以获得一定数额的保险赔偿，还可以保证保险到期拿回本金的同时，获得一定数额的利息。投资保险恰恰是对家庭负责的体现。

5.建立退休基金

一定要有共同的退休计划，以确保两人在年迈时还能衣食无忧，及早建立夫妻退休账户，共同积累退休基金，以便白头到老时，"钱途"乐无忧。

家用分配，是影响夫妻恩爱、和睦理财的诱因之一。家用分配有六种模式，各有优点和缺点，适合不同的家庭。

（1）"一人全权支配"模式。薪水交由一个人，由他全权支配所有家用。这种方式，适合互信基础好的夫妻。

（2）"高薪者提供大部分家用"模式。高薪者提供大部分的固定家用，不够的部分由低薪者贴补，这种方式比较适合日常开销较为稳定的家庭。

（3）"高薪者负责所有家用"模式。这种模式适用于收入相差悬殊的家庭。

（4）"设立公共家用账户"模式。这种模式适用于双方收入相差不大的家庭。

（5）"各自负担特定家用"模式。夫妻各自负责特定的家庭开销，譬如先生负责房贷，妻子负责一般家用。这种模式适用于夫妻收入相近，且各自负责的开销相差不大的家庭，如一方支出金额浮动较大，而另一方负担金额持续下降，则容易产生矛盾。

（6）"各自负责不同的理财目标"模式。一方负责短中期理财目标，另一方负责长期理财目标，这种方式适用于双方收入都较高，除去家庭日常支出，还有不少结余的家庭。

陪同双方父母一起订立理财目标

帮助双方父母理财是儿女们的责任,既不能简单地对父母的理财生活指手画脚,也不能大包大揽地代父母投资理财,而是要务实地出谋划策,帮助父母分析财务状况,协助父母制订理财方案。

要清楚双方父母的财务状况,在了解父母的财务状况后,要有的放矢地帮助父母做出正确的理财方案。

当父母的存款和退休金不多时,应建议父母优先存储一部分资金,以保障日常生活以及医疗、保健等正常开销,剩下的资金用作投资。在投资时,应帮助父母选择稳健的投资项目,如债券、基金等,也可从这笔资金中抽出 20% 投资股票,并帮助父母慎重选择股票类型。

当父母的存款和退休金比较多、生活也比较富足时,应建议父母适量投资债券、基金,然后将一部分资金投资于股票等高收益的投资项目。当然,高收益就意味着高风险,所以仍然要以"稳"字当头,需要帮助父母认真选择。

以陈先生和他的老伴为例。陈先生和老伴忙碌了一辈子，攒了一些钱，每月两口子的退休金加起来也有13500元，看到大家都在热火朝天地忙理财、做投资，陈先生就和老伴商量着拿出一部分钱进行投资，以便能够更舒适地安度晚年。

得知父母的想法后，在银行上班的儿子陈飒和儿媳张明先帮老两口理清了财务状况。老两口总共有存款48万元，预期收入每月13500元。根据老两口的财务状况，陈飒给父母介绍了债券、基金和银行个人理财产品作为投资方向。

陈先生和老伴与儿子、儿媳一起讨论了好几天，最终确定了理财方案。每月的退休金按月存入银行6000元，积累起来以作以后的投资储蓄。老两口拿出12万元购买债券，12万元购买基金，12万元购买银行理财产品，剩余12万元存款不动，以备应急之需。通过这个理财方案，不仅老两口的储蓄资金得到了充分利用，老两口的退休金也就得到了合理的安排和规划。

在协助父母制订好理财方案之后，还要帮助父母做好健康保险规划。父母老了，健康保险尤为重要。作为儿女，必须了解父母是否有长期的健康保险以及这一保险的具体承保范围，还必须明确缴纳健康保险是否会给父母的财务造成压力。如果发现父母没有健全合理的健康保险，那么做儿女的务必要为父母制订一个合理的健康保险计划。

对于年事已高的父母，买健康保险首先要考虑的就是重大疾病保险和意外伤害保险，如果有能力的话，还可以给父母加保一份分红型保险。

长沙的岳女士今年58岁了，退休前收入不错，经济条件较好，所以退休时有一笔不小的存款。前几年，为了与女儿女婿住在一起，岳女士用自己的储蓄款购置了新房，剩余的存款就放在银行里留作养老之需。因为没有专业的理财知识和投资经验，岳女士一直不敢做投资，她对保险也没有太多的认识，总觉得保险是"骗人"的。尽管女儿陈红屡次劝说岳女士买份大病保险，岳女士还是执意不肯。

随着年龄的增长，岳女士的身体越来越差，今年年初，岳女士因病入院，住院费首付就要两万元，岳女士皱起了眉头。女儿女婿这才告诉母亲，早在三年前就给母亲买了大病保险和意外伤害保险，让她不用担心医药费。岳女士听得一头雾水，经医院里的病友们解释，岳女士才恍然大悟，对女儿女婿的做法连连称道。

婚姻关系中，不仅包括夫妻关系，还包括与双方父母的关系，双方父母生活无忧，做儿女的才能生活无忧，所以一定要为双方父母做好健康保险规划，未雨绸缪。

建造家庭财务的诺亚方舟

据《圣经》记载,诺亚方舟可以盛载被上帝选中的人——诺亚和他的家人,以及世界上各种陆上生物,以躲避一场巨大的洪水灾难。这条船花了120年才建成,巨大而牢固。有了诺亚方舟,不管多大的灾难都不怕,因为诺亚方舟可以载我们迅速逃离苦海,所以,为了让我们的财富稳固发展、风雨不惧,我们也要打造一艘个人财务的诺亚方舟。

著名财商教育专家、《穷爸爸富爸爸》的作者罗伯特·清崎曾说,"无论现实世界的股票是跌是涨或是股市发生了什么,也无论家庭、学校和企业等避难所之外的世界发生了什么,我们都要做好准备。"我们也有必要尽早为自己的人生、为家庭的财务,打造一只属于自己的诺亚方舟。

那么,我们应该如何打造家庭财务的诺亚方舟,给家庭的物质财富建造一艘牢固的急救大船呢？

1.掌控财务命脉

要打造家庭财务的诺亚方舟，就要先学会控制家庭的财务命脉。掌控财务命脉，不仅需要合理消费、节省支出、认真记账、合理投资，还要时刻明确家庭的财务报表、明确家庭的专属资产和专属负债。只有这样，才能够对家庭的经济状况心中有数，才能够根据家庭的个人理财目标和外部经济环境，随时调控家庭的储蓄和投资，积极应对外界的经济压力和生活的突发事件。

2.合理配置资产

资产配置之所以必要，原因在于投资者无法准确预测每一类资产的未来走势。将全部资金都投资于那些涨幅最大的领域显然更有利，然而这在事实上是不可能做到的，因为任何收益丰厚的投资，都伴随着巨大的风险。合理配置资产，就是把资产分作两部分，一部分做安全性投资，一部分做风险性投资。安全性投资主要有：现金、定存、货币式基金等，称为A类资产。风险性投资主要有：债券型基金、债券指数基金、股票债券等，称为B类资产。合理配置资产，才能够确保在市场急剧变化时，家庭财产不会受到巨大的影响，可以尽量维持保本甚至小幅增值。

3.预设投资状况

巴克敏斯特·富勒拥有很多项经济专利,他对"预设"有独特的理解,他说:"你无法质疑自己潜意识中的预设。"在商业和投资领域,很多人一赔再赔,就是因为他们没有意识到自己的潜意识会对某些事情做出预设。预设我们的投资状况,其实就是对个人的投资进行预设,推测出最大可能的结果。一般来说,大家可以推测出一个最坏的投资结果,如果自己有能力承受就可以放心大胆地去投资。为了做好投资预设,我们应当提前调查市场、了解市场、认清市场,以确保自己的投资预设基本符合市场的发展趋势。

婚姻里，真心能否换来真情

婚姻里，投入和收获并不一定成正比，你的付出和对方的回应，并不会像天平的两端一样均衡。那么，在你的婚姻里，是一个人的独角戏，还是两个人的对手戏？就让我们通过下面的测试来看看，你的真心能否换来真情。

问题：

（1）和心上人共进晚餐后，对方提出一起散步，你会选择下面哪个地点？

环境幽静，灯光昏暗的公园→（2）

人来人往，热闹而路灯明亮的街道→（4）

自己家附近楼下的小路→（3）

（2）和心上人吵架后，你一般如何发泄情绪？

找朋友一起大吃大喝→（4）

找到他，一定要让他向自己认错→（3）

一个人躲在家里看幽默电影→（6）

（3）单身生活中，你最喜欢做的事情是什么？

一个人画画→（4）

和家人一起去旅游→（7）

学习各种知识→（5）

（4）在工作中，你和同事的关系如何？

常常会因为工作上的事情发生争执→（6）

和同事们关系很好，就算有意见分歧，也能和平解决→（7）

偶尔和同事有争执→（8）

（5）每天起床后，你第一件事会干什么？

刷牙→（7）

洗脸→（8）

上厕所→（6）

（6）什么样的男人最能吸引你？

爱笑的男人→（9）

体贴的男人→（7）

有钱的男人→（10）

（7）你能把生活中的情绪和工作中的情绪分得很清楚吗？

当然，不把工作中的情绪带给恋人，不因为爱情上的失意影响工作→（8）

如果爱情不顺利，很难振作精神鼓足干劲工作→（10）

看情况吧，尽量不要让工作和生活相互影响→（9）

（8）你常常会因为说话不恰当而影响自己的人脉拓展吗？

是的→（9）

不是→C

偶尔→（10）

（9）你喜欢什么样的恋爱方式？

各自为政，周末约会→B

恨不得二十四小时待在一起→D

他要是凡事都听我的，就好了→（10）

（10）在你的爱情世界里，常常有惊喜吗？

偶尔他会出其不意地浪漫一下→B

他从来不会给我惊喜，悲催→A

他常常会给我各种惊喜→C

测试结果：

A. 喂，别付出了，只怕你的深情换来的是对方的绝情哦！

你是多么深情的爱人啊！可惜，你的矜持、含蓄、不善表达，换来的往往不是爱人的真情，而是绝情。因为你太含蓄，以至于婚姻里的另一方会认为你并不爱他，或者忽视你的付出。在婚姻里，你要学会高调一点，只有高调，才能赢得对方的关注，才能让对方意识到，你很爱很爱他。

B. 好吧，用你深情换来的，往往是亲情，而不是爱情。

你的好，对方不可能视而不见，然而，你的好，却并非如对方所愿，所以对方往往把你当成亲人，而不是爱人。总之，你的深情给予他的，是家人般的温暖和安心，而不是爱人的甜蜜和心跳。你们最终很可能成为相互温暖，相互关照的亲人，而不是相爱相杀的爱人。

C. 你的婚姻像跷跷板，不是你的爱多一点，就是他的爱多一点。

你们是绝好的爱情搭档，你们都在爱，你们都在为爱纠结，不是你爱得多一点，就是他爱你多一点。总之你们在婚姻里玩跷跷板，典型的不是冤家不聚头。

D. 你的爱，最终会换来无限真情。

你的深情，正是对方想要的爱，于是，他看得见你的深情，并且依赖你、理解你、包容你。于是你们之间非常默契，相互支持相互关心，一起面对未来，一起克服难题，一起走向婚姻的未来。珍惜这份难得的真爱吧！

第七章 不爱就放手

中国现代著名作家、学者林语堂先生曾经说过:"用爱情方式过婚姻,没有不失败的。要把婚姻当饭吃,把爱情当点心吃。"

放爱一条生路

"被离婚"的时候,大都心存不甘,大都满腹愁怨,恨不得要求那个负心的人,赔自己一架时光机器,好乘着回到从前,再不爱,再不付出,再无忧伤,再无分手。即便是自己移情别恋,还是难免心有怨恨,恨对方没有对自己更好一些,恨对方没有给自己想要的生活,恨对方没有挽留自己,恨对方没有痛哭流涕。于是,离婚之后,难免会有人作出偏激之事,或者攻击前任,或者中伤前任。

其实,不管是为了现在还是为了将来,我们都应该善待那个曾经同床共枕的人,离都离了难道仇恨能让我们快乐吗?离婚之后,如果你还会想到对方,那么不妨就想想曾经的好、曾经的笑,因为曾经爱过。别去管最后是谁开始背叛,对于你来说,留存些美好的记忆,总比念念不忘那些伤害更好。

善待那个曾经爱过的人,首先要忘记对方对你的伤害。这并不是说，要原谅对方的过错，忘记对方的背叛，而是说，要忘记曾经的伤害。对伤害念念不忘的人，不可能快乐、也不可能幸福。

忘记仇恨吧，只有宽恕，才能快乐。

善待那个曾经爱过的人，不是因为那段婚姻有多珍贵，也不是因为那个人有多贤良，而是因为你曾经爱过。

既然爱过，就不要说抱歉；既然爱过，就尊重自己曾经的选择。

痛苦也是人生一笔重要的财富，不要轻易典当；曾经爱过你的人，前世一定与你有缘，不要言语虐待。如果今生真的负了你，也许是因为你前生负了他，红尘轮回，无须计较。

把美好的记忆留给自己，把曾经的伤害抛给过去。善待那个曾经爱过的人，就是善待自己。

善待那个曾经爱过的人，还要隐藏你对对方的伤害。

很多婚姻，在离婚的时候，看不到事实的真相。不明真相的人，会痛苦、会难过，会一次次追问为什么，却不会看见凄凉的创伤。

请善待那个曾经爱过的人吧，不要告诉你对他的伤害，既然已经分手，就请把最美好的自己留在他的记忆里。

请善待我们曾经爱过的那个人吧，在你心中，那个人或许已经失去了昔日的光环，但毕竟曾经爱过，在你离开他的时候，是否可以给那个曾经陪伴你一起走过许多时光的人多一点活着的尊严？

为什么不能善待那个曾经爱过的人呢?

善待对方,就是肯定自己曾经的选择、肯定自己曾经的付出、肯定自己曾经的爱。

放爱一条生路吧,因为,你曾经爱过;因为,你用自己的青春换回了一段爱恨交织的记忆。

离婚之后,还请善待那个曾经爱过的人。这份善待,是对自己的尊重、是对对方的尊重、是对爱情的尊重。

没有人可以代替你渡离婚的劫

古希腊哲学家苏格拉底与失恋者曾经有过这样一段对话："孩子，为什么悲伤？"失恋者回答："我失恋了。"苏格拉底说："哦，这很正常。如果失恋了没有悲伤，恋爱大概也就没有什么味道了。"月有阴晴圆缺，人有悲欢离合。没有谁一开始就能够保证，自己是婚姻里最幸福的那个女人，一生只爱一个人、不离不弃不分手。然而，爱一个人很难，经营婚姻也很难，放弃自己经营已久的婚姻更难。真正离婚的时候，谁也无法躲避内心的伤痛。我们会用一分钟的时间去认识一个人，用一小时的时间去喜欢一个人，再用一天的时间去爱上一个人，到最后呢，却要用一辈子的时间忘记一个人。

遭遇离婚，是人心中最大的痛。昨晚还无语执手相望、一起憧憬明天，今晚就变成了再也不会为"我"心痛的陌生人。曾经心痛为何变成陌生？"我"只想要和你一起飞翔，爱情就像人生，走过了就不能重来，这些道理"我"懂，可是真正面对，叫"我"如何放得下！

一旦遭遇离婚，很多人都情难自控、悲从中来。许多人因为遭遇分手，食不能咽、寝不能寐；许多人因为遭遇分手，抑郁消沉、快乐不再。问世间情为何物，直教人生死相许。当今社会，也有不少年轻人，在遭遇离婚后无法承受，有的患了心理疾病，还有的选择了自残甚至自杀。有科学研究显示，遭遇离婚，许多人都会表现出不同程度的心理创伤，严重者，甚至会影响个人的身心健康，进而产生一系列心理问题。

所以，在遭遇离婚时，一定要学会调整自我情绪，寻求心理救治。别说自己痴情，别说自己宁愿守着一份不可能的爱情，憔悴一生。并不是每个人都值得你去痴情，他离开了，是因为他配不上你的痴情。也许这场婚姻，本身就是一个错误，不要听凭痛苦的折磨，用心去寻找放弃的力量。

下面，为遭遇离婚的人提供几味心理救治的良药，不许拒绝救治，必须挨个服用。就算你心痛得生不如死，也得先把这几味药吃掉。

1. 眼不见为净

服用方法：外敷。

主要成分：清理旧物、烧毁照片、远离旧景，丢弃或者出售任何与对方有关的东西，拒绝再见到任何和对方相关的人，孩子除外。

药理作用：避免睹物思人，避免触景生情，避免往事重提。

2.寻找替代品

服用方法：内服。

主要成分：开放内心、积极寻找、多多相亲。

药理作用：天涯何处无芳草，何必单恋一枝花。别说最美的树还是记忆中的那一棵，你才见过几棵树？

3.求助于友情

服用方法：外敷。

主要成分：向亲人倾诉、找好友聊天、寻挚友陪伴。

药理作用：爱情是灯，友情是影子，当灯越来越远，你会发现，你的周围都是影子。朋友，是在最后可以给你力量的人。

4.旅行

服用方法：外敷。

主要成分：跟团旅游、跟驴友一起自助游、和亲友一起出游，或者，独自出游。

药理作用：一个人走走陌生的路、看看陌生的风景、听听陌生的歌，然后在某个不经意的瞬间，你会发现，原本费尽心机想要忘记的那个人，真的就那么忘记了。

5.转移注意力

服用方法：内服。

主要成分：拼命工作、努力学习、认真读书、修炼自我、重塑内心。

药理作用：一个人一生可以爱上很多人，等你获得真正属于你的幸福之后，你就会明白，曾经的伤痛其实是一种财富，因为它让你学会更好地去把握和珍惜你自己。

后　记

　　愿你尽己所能，经营好婚姻。问世间情为何物，直教人生死相许，然而真正走进柴米油盐，却会发现，最难的就是婚姻。什么"婚前睁大眼，婚后闭只眼"；什么"全世界我都可以放弃，只有你值得我去珍惜"；什么"珍惜眼前人"；什么"情深不寿"……听的时候很淡然，真正身处围城，才会发现，那些柴米油盐，那些千古不变的婚姻生活，岂是一个"难"字了得。

　　婚姻就像一棵树，从发芽到生长，要想茁壮成长枝繁叶茂，除了必须认真呵护，还要给它充足的养分。

　　婚姻是一条漫长的路，在这条曲折蜿蜒的情感道路上，要有共同的理想，爱情才会协调，漫无目标的婚姻既容易倦怠也很难成为彼此生活的动力。当然，这个理想不一定是共同的事业和追求，也不一定是高不可攀的人生高峰，只要是还没有实现的愿望，无论大小，都可以成为婚姻中的同一个梦想。

一段感情、一段婚姻得到不容易，要得到不离不弃的婚姻更难，世间最难的人际关系就是夫妻关系。也许正是因为难，才能考验婚姻中的人。好的婚姻，看起来平平淡淡，实则你中有我，我中有你，你离不开我，我离不开你，夫妻感情坚如磐石。

长久的婚姻一定是可持续发展的婚姻，一成不变的婚姻只能是一潭死水，很快就会枯竭。就像企业一样，要想永远立于不败之地，就要顺应市场发展，坚持可持续性发展原则。所以，作为婚姻的经营者，要不断发掘婚姻自身的潜力，创新变革。

愿人间这一抹烟火气，温暖你的婚姻！